© Juan Rodrigo Llaguno

Alejandra Rangel (1946-2020)

Filósofa, narradora y periodista. Ha impartido cursos en diversas universidades, actualmente lo hace en el postgrado de la Facultad de Filosofía y Letras de la UANL. Es editorialista del periódico *El Norte*. Ha desarrollado trabajo comunitario con mujeres en áreas marginadas de nuestro estado. Fue presidenta del Consejo para la Cultura de Nuevo León, directora general del Instituto México y presidenta ejecutiva del Consejo de Desarrollo Social de Nuevo León. Formó parte de la Junta de Gobierno de la UANL y es miembro de su Consejo Consultivo. Publicó la colección de cuentos *Desde la penumbra*, y ha participado en antologías de cuento y ensayo: *De mujeres y otros cuentos*, *Atrapadas en la escuela*, *La pastorela: tradición en una comunidad marginada*, *La marginación urbana en Monterrey*, *Mujeres y Ciudades*, *Nuevo León, hoy: diez estudios sociopolíticos*, *Variaciones femeninas en Alfonso Reyes*, *Participación política de las mujeres en un movimiento urbano de Nuevo León* y *Los días de Fuentes*, entre otros. Su trayectoria en el ámbito gubernamental ha sido reconocida por la UANL. Recibió también el Premio Internacional: Dan Sanders. Paz y Justicia.

Silencio, lenguaje y ser
Heidegger y la sigética

© Familia Clariond Rangel

© 2020, Vaso Roto Ediciones
Madrid - México
c/ Alcalá, 85, 7º izda. Madrid, 28009
vasoroto@vasoroto.com
Colección Fisuras

© 2020, Universidad Autónoma de Nuevo León.
Facultad de Filosofía y Letras
Av. Universidad s/n, Ciudad Universitaria,
San Nicolás de los Garza, México, 64451
http://filosofia.uanl.mx/

© 2020, Fondo Editorial de Nuevo León
Zuazua 105 Sur, Centro, Monterrey, 64000
admin@fondoeditorialnl.gob.mx
www.fondoeditorialnl.gob.mx

Grabado de cubierta: Víctor Ramírez
Diseño de cubierta: Maite Rabanal

Primera edición: septiembre 2020

ISBN: 978-84-122439-4-9
(Vaso Roto Ediciones)

ISBN: 978-607-27-1322-2
(Universidad Autónoma de Nuevo León)

ISBN: 978-607-8485-56-7
(Fondo Editorial de Nuevo León)

Alejandra Rangel
Silencio, lenguaje y ser
Heidegger y la sigética

Vaso Roto / Ediciones   UNIVERSIDAD AUTÓNOMA DE NUEVO LEÓN   FONDO EDITORIAL DE NUEVO LEÓN

Preludio

¿Quiénes son los que inician tal andanza? Presumiblemente son
pocos y desconocidos pues lo que es verdaderamente esencial
adviene pocas veces, repentinamente y en el silencio.

HEIDEGGER[1]

Alejandra Rangel se inserta en la tradición filosófica de hermeneutas que han establecido un diálogo permanente con Martin
Heidegger a través de la lectura e interpretación de su obra. La
propuesta que nos ofrece en *Silencio, lenguaje y ser*.

*Heidegger y
la sigética* está encauzada a la interpretación y la comprensión de
la teoría hermenéutica en las distintas manifestaciones del ser, así
como en la pregunta por el sentido del ser, olvidada por la metafísica desde Platón.

El silencio, marco originario del que brotan todas las cosas y al
que tras su existir todo retorna, es el tema central que Alejandra
Rangel aborda en su obra, y le da título. Aquí radica una de sus
aportaciones más importantes, pues se trata de un aspecto nodal y
poco estudiado del pensamiento de Heidegger. La filósofa estudia
el lenguaje en sus dos materialidades: habla y silencio (sigética), y
sus posibilidades y manifestaciones en el diálogo con la poesía y el
arte, para comprender de qué manera es posible habitar poéticamente el mundo. Formula que «la pregunta inicial sobre el ser debe
conducirnos a un nuevo comienzo [...] se trata de interpretar la
verdad como asombro y no como certeza, aquello que se revela y
oculta, que propicia una relación distinta con el mundo».

Las categorías ser y estar en el mundo, «ser ahí», cruzadas por
las dimensiones de tiempo y espacio de las que habla Heidegger,
han sido la manifestación del acontecer histórico de la autora:
crítica y reflexiva, libre y democrática, horizontal, congruente,

---

1 Martin Heidegger (1990). *De camino al habla*, Barcelona: Serbal, p. 43.

propositiva y generosa con el conocimiento, con el cuidado de sí y del otro en sus clases en la Universidad, en la convivencia, en el desempeño de la función pública y, sobre todo, como filósofa. Cabe preguntarnos si ella encontró a Heidegger o Heidegger la encontró a ella. La hermenéutica sostiene que nosotros leemos el texto, pero el texto también nos lee a nosotros. En nuestra comunidad académica el nombre de Heidegger está ligado indisolublemente con el de Alejandra Rangel, una gran estudiosa de su obra, fundadora del seminario que lleva su nombre en la Facultad de Filosofía y Letras de la Universidad Autónoma de Nuevo León, en el que durante doce años confluyeron escritores, académicos y artistas para leer y discutir la obra del filósofo alemán en la búsqueda del camino que conduce a habitar poéticamente el mundo. En este camino, el ideal de Alejandra Rangel pudo haber sido aquello que ella misma señaló sobre Heidegger: «Lograr una relación distinta con el mundo, un encuentro entre hombre y mundo, un volver sobre el otro comienzo (*Kehre*) que, de lograrse, permitiría habitar de diversa manera la Tierra». En este camino ella propone la búsqueda de la experiencia de «verdad» como asombro y no como algo ya dado, indagar sobre la verdad a través del arte, conversar, argumentar, preguntar, contestar, objetar y refutar para abrir nuevas rutas al diálogo y a las múltiples posibilidades del pensar. Al proponer la reflexión como práctica cotidiana, al cuestionar y cuestionarse, ella, como Heidegger, se ubica (y nos ubica) en el claro del bosque, en el lugar del develamiento, la escucha y el pensamiento crítico.

Hay que leer este libro con atención para comprender los presupuestos básicos del filósofo alemán y construir un mundo en el cual podamos habitar poéticamente el lenguaje, que es la auténtica casa del ser.

LUDIVINA CANTÚ ORTIZ*

---

* Maestra en Letras españolas. Directora de la Facultad de Filosofía y Letras de la UANL.

Prólogo

Silence is not acoustic. It is a change of mind. A turning around.
[…] I devoted my music to it.

JOHN CAGE[1]

Es una curiosa y complicada tarea pretender decir algo sobre lo que escapa a la palabra. Prestar nuestra voz al silencio se antoja vano, incluso ocioso. Pero cuando se asume la tarea de manera rigurosa poco a poco aparece todo un universo; se abre a nuestros sentidos un espectáculo increíblemente rico e insospechado, aunque también oscuro y hasta terrible: el de aquello que se encuentra en los límites del pensamiento, uno que nos muestra lo pequeño de nuestro entendimiento.

La obra que ahora nos regala Alejandra Rangel corresponde a la empresa antes mencionada y posee una muy rara virtud: hace comprensibles ideas de muy difícil acceso, cuidando el rigor y aproximándonos a regiones olvidadas, misteriosas e insospechadas. Su obra nos lleva por el camino de lo indecible, a una verdad que se desoculta y oculta en el mismo movimiento.

En las páginas de este libro no sólo se encuentra una lectura cuidadosa y profunda de la obra del mayor filósofo del siglo xx –Martin Heidegger, el cual incluso dio un nombre a lo aquí estudiado: la sigética– sino a la de una plétora de pensadores y artistas antiguos y modernos –desde los que dieron lugar al teatro Nôh de Japón hasta los pintores Vincent Van Gogh y Paul Cézanne o el músico John Cage– todos ellos profundamente interesados en hacer aprehensible a su público las verdades que el universo del silencio es capaz de ofrecer.

---

1 Cit. David Revill (2014). *The Roaring Silence. John Cage: a Life*, Nueva York: Arcade, p. 154.

Este ensayo, así mismo, posibilita la escucha de todas aquellas voces que nuestro mundo técnico y su pensar calculador tienden a olvidar, la voz –el grito– de la naturaleza, esa cada vez más olvidada, sojuzgada, depredada. Prestar oído al silencio nos permite escuchar no sólo las voces de nuestro cuerpo, también el maravilloso concierto de la tierra: las múltiples voces de la naturaleza, la armonía de las esferas.

Estar atento a la escucha del silencio nos permite colocarnos en la presencia del ser, de esa totalidad oculta en nuestros días por las habladurías, el consumismo y demás barbaridades. La disposición a la escucha del silencio nos permite escuchar a los olvidados de la tierra, no sólo a los hermanos de nuestra propia especie sino a los de muchas otras, a los de todas aquellas que, por carecer de voz humana, han sido objeto de olvido de legisladores e incluso de los estadistas modernos.

Escuchar la voz del silencio, en resumen, nos permite recuperar nuestra, en buena medida perdida, humanidad.

Luis Tamayo Pérez*

* Doctor en Filosofía. Miembro de la *Martin-Heidegger Gesellschaft* y de la Sociedad Iberoamericana de Estudios Heideggerianos. Profesor Investigador de la Universidad Autónoma de Querétaro.

Introducción

El presente trabajo tiene como objetivo mostrar los caminos por los que Martin Heidegger establece la vinculación del ser con el lenguaje y la verdad; a partir de ahí, poner de manifiesto el ser de las cosas y su relación con el tiempo, así como mostrar que el ser es la condición de posibilidad de todo ente y, con ello, traer a la presencia lo oculto y olvidado de acuerdo a la concepción griega de verdad como *alétheia* (ἀλήθεια), es decir, el develamiento de lo oculto, eso que se muestra y se esconde simultáneamente, la característica intrínseca del ser.

Recordemos que Heidegger aclara que su propuesta no responde a un tratado o doctrina sino a una búsqueda, a «un saber que busca», donde no existen teorías cerradas sino sólo caminos, posibilidades del pensar. Y es bajo esta perspectiva que se deben analizar las propuestas o, más bien, búsquedas de este trabajo.

El análisis está dividido en cuatro capítulos donde se abordan las distintas manifestaciones del ser, así como la pregunta por el sentido del mismo, olvidada por la metafísica a partir de Platón. Tal como lo denuncia Heidegger, es a partir de esta propuesta que el pensar se orienta hacia el conocimiento de los entes, olvidándose del ser, lo cual da origen a un pensamiento que se centra más en el logos, la ciencia y el pensamiento calculador, que en la fenomenología hermenéutica, el pensamiento contemplativo, el habitar poético. Heidegger nos muestra que este olvido llevó a la filosofía hacia la técnica desenfrenada y a la racionalización de los procesos, fenómenos visibles en la relación del conocimiento sujeto-objeto, propio de Descartes y la modernidad.

Nos preguntaremos por la posibilidad de hablar a través de la palabra silente, del no decir en lo dicho, desde la consideración del ser como *Ereignis* o acaecer del ser, un acaecer que es siempre histórico, lo que nos lleva a replantear de nuevo el acaecer apropiador como el mostrarse del ser.

El primer capítulo expone la crítica a la metafísica, que lleva a Heidegger a preguntarse por el sentido del ser a partir de una fenomenología hermenéutica de la existencia. Abordamos así el ser que se muestra en el *Dasein* o ser-ahí, abierto y arrojado al mundo, condición que revela su relación con el ser y el carácter propio de la existencia como temporalidad o facticidad de la vida. Todo ello significó no sólo un nuevo planteamiento, sino una ruptura con la modernidad respecto a la relación sujeto-objeto, luego de que ésta condujo a generar una cultura occidental sustentada en principios racionales.

En el apartado Discurso y *Dasein* se trabaja la relación entre ambos, entendiendo por discurso el habla como estructura significativa de la comprensibilidad del ahí y su relación con el *Dasein*, donde el callar aparece como una posibilidad propia del habla. Es gracias a esta posibilidad que el *Dasein* puede articular la comprensión del mundo expresada como ser-en-el-mundo.

Nunca olvidemos que el habla es la estructura existencial del lenguaje y es a través de ella como nos relacionamos con el mundo y con los otros; sin ella no seríamos humanos. Además, el encontrarse y el comprender, junto con el habla, son las categorías existenciales fundamentales del *Dasein*. Sin embargo, el ser es el que habla y no el hombre, el ser se da y habita en el hombre como donación y es quien lo hace hablar y callar. El hombre no es el centro del mundo.

Al final del primer capítulo revisamos la concepción del *Dasein* como estar en el mundo, esto es, su pertenencia a un sistema de signos y significados donde el lenguaje surge como la posibilidad de la apertura al ser. También iniciamos el estudio del silencio como el otro rostro del lenguaje, eso que Heidegger denominó la sigética. Revisamos el habla impropia, esa que se expresa en el «uno» (*das Man*) o, como Heidegger las denomina, las habladurías (*Gerede*) que se manifiestan en la cotidianeidad, en la vida fáctica: aquello que responde a lo que se dice o se hace desde el sujeto impersonal y cuya característica es un modo inauténtico de existencia, marcado por la curiosidad, la avidez de novedades o la ambigüedad, tan propias de la condición humana. Es el habla la que constituye al *Dasein* que es pura posibilidad; el lenguaje articula su estado de estar arrojado en el mundo y presenta múltiples posibilidades siempre abiertas. En su existencia fáctica y concreta (*Da*), en ese lugar, se manifiesta el ser (*Sein*) como silenciosidad, ahí se revela y adviene a la luz. Es ahí donde el habla se apodera de nosotros, acaece y nos transforma, mostrando su esencia en el acaecimiento apropiador (*Ereignis*).

En el capítulo segundo abordamos la problemática del lenguaje, su esencia, así como la palabra en tanto que decir (*Sagen*), con el fin de develar cómo es que el hombre habla por el lenguaje y se abren sus posibilidades en un continuo devenir. Es un diálogo del habla con la poesía, con una apertura a todas las lenguas y a sus manifestaciones. Y lo hacemos tomando en cuenta algunas de las diversas miradas de las culturas de Oriente y Occidente. Es ahí donde comienza a aparecer la sigética como lo no dicho en lo dicho que se aprecia en el sentido de las señas y los guiños; es ahí donde aparece la escucha del silencio.

La exposición de esta temática se centra en una obra clave de Heidegger: *De camino al habla*, escrita en 1959. En ella se plantea el sentido del silencio y la comprensión del vacío, ejemplificado mediante la figura del cántaro y su espacio, el cual muestra la nada del ahí y la fuerza de las señas y los guiños como otra forma de comunicarnos en el mundo con los otros. El camino al habla es definido como el camino poético, el habla en el poema.

13

De ese modo, nunca se eliminan los cuestionamientos acerca de la verdad como certeza, a través de la cual predomina la razón de la mirada de Occidente, misma que ha llevado a la explotación del planeta y al abuso de la técnica. Lo más complejo de la propuesta consiste en desvincularnos de las representaciones metafísicas, de la relación de la verdad como certeza y de la relación de conocimiento bajo el esquema sujeto-objeto, propio de la modernidad.

En el apartado Lenguaje, poesía y palabra se retoman las tesis del habla, del poema y de la poesía como alcance de la palabra; para ello nos apoyamos en la obra de Hölderlin considerado por Heidegger como el «poeta de poetas», por ser un poeta pensante. Así mismo, mencionamos el poema *Blanco*, de Octavio Paz, para analizar otra perspectiva y sus relaciones con el budismo zen; es en este poema donde encontramos la influencia de la mirada del filósofo alemán en la obra de Paz.

Revisamos también la tesis en la que Heidegger señala que el vivir poéticamente en la tierra pertenece al encuadre de las relaciones de la cuaternidad (*Gevierte*): tierra y cielo, mortales y divinos, para lo cual es necesario el sonido del silencio y estar en el claro (*Lichtung*); así como entender la esencia de la verdad como lo claro o como presencia de lo que se da gratuitamente. Sólo así se revela lo ontológicamente fundante del lenguaje poético que permite apreciar lo no dicho en lo dicho.

En el diálogo con un filósofo japonés, presente en su obra *De camino al habla*, Heidegger muestra lo inasible que es el lenguaje mediante los mecanismos de la racionalidad y deja ver su dimensión a-teorética, del decir que dice, del vacío del aparecer, de lo que contradictoriamente se nombra sin nombre y al tiempo se vive, donde se tiene la experiencia de un habla distinta. Lo cual lleva a pensar en una escucha de la presencia de lo invisible, de los instantes que revelan lo sagrado, del tiempo sin principio ni fin.

En el capítulo tercero abordamos la presencia del acontecimiento apropiador (*Ereignis*) que será la guía del pensamiento heideggeriano a partir de 1936 y que marcará el carácter epocal del ser, esto es, de su manifestación histórica, del acontecer que sucede y no de una representación metafísica; del preguntar ontohistórico que busca el no fundamento, el abismo (*Abgrund*) de la presencia y de lo presente: pensar el ser en su acontecer histórico, en su relación dinámica de copertenencia entre ser y *Dasein*.

En sus *Aportes a la filosofía. Acerca del evento* Heidegger abordará la visión de la verdad del ser desde el acaecimiento, donde señala que debemos buscar el Ser en su «suprema ocultación», y muestra cómo el ser es atravesado por el acontecer al tiempo que el preguntar por la verdad del ser es el acontecer mismo.

El acontecimiento es un dejar pertenecer más originario, pues permite que ser y *Dasein* se unan en su esencia ya que acontecen sólo en unidad. Se trata de un mundo de relaciones en continuo movimiento, un mundo de contrarios traspasados por la unidad como lo son identidad y diferencia, mostrar-ocultar, lenguaje-silencio, existencia y muerte. El *Ereignis* o acaecimiento apropiador es un dejar pertenecer más originario, una comprensión dinámica del ser como acaecer histórico.

Heidegger nos enseña que la pregunta por el ser es la pregunta por la verdad del ser concebida históricamente, esto es, en sus aconteceres y no a través de sucesos cronológicos del tiempo, todo lo cual se convierte en la pregunta fundamental, pues significa penetrar en algo y cuestionarlo, de donde se revela que «el lenguaje es la casa de ser y su pastor es el hombre». De ahora el ser no podrá ser pensado a partir del ente; tiene que ser pensado desde él mismo. He aquí la gran ruptura de Heidegger con la metafísica.

En *Aportes a la filosofía. Acerca del evento* también mostrará la relación del lenguaje con el silencio, esto es, de la sigética como la lógica de la existencia. Lo cual no significa hablar de la lógica como una disciplina, eso contradice la propuesta de Heidegger, sino mostrar que la esencia de la lógica es la sigética y en ella se concibe la esencia del lenguaje.

El silencio no es una a-lógica ni tampoco es irracional pues ello nos obligaría a establecer una metafísica; de aquí la necesidad de comprender que el lenguaje tiene su origen en el silencio y éste es necesario para la escucha.

Finalmente nos preguntamos la manera en la cual puede articularse el decir del ser y su silencio, lo cual implica tanto el mostrar como el ocultarse. El acontecimiento del lenguaje lo ubicamos por lo mismo en el terreno del decir del ser, y es en el poetizar donde se muestra el desocultamiento, aquello que sin decirse se dice.

En el último capítulo analizamos a distintos artistas: escritores, músicos, filósofos y pintores en cuyas creaciones se muestra lo no dicho en lo dicho, la mirada de lo inasible, son ellos quienes nos ayudarán a plantear las conclusiones y a entender de qué manera es posible que el hombre habite poéticamente en el mundo.

Crítica de la metafísica
y analítica del *Dasein*

En este primer capítulo trabajaremos la crítica a la metafísica planteada por Heidegger, a partir de la pregunta por el ser y siguiendo lo afirmado en su analítica existencial, la cual se centra en el *Dasein* o ser ahí, un ente arrojado al mundo y a los otros, el cual tiene tres categorías existenciarias básicas: encontrarse, comprensión y habla.

En primer lugar indiquemos que, para el Heidegger de *Ser y tiempo* (1927), la verdad originaria no es la proposicional sino la *alétheia* (ἀλήθεια), la que se oculta y se muestra al mismo tiempo, esa que plantearon los antiguos pensadores griegos presocráticos. No fue sino hasta la emergencia de la obra de Platón, y especialmente de la de Aristóteles, cuando la pregunta por el ser se olvidó y fue sustituida por la pregunta por los entes, propiciando la instauración de la metafísica, todo ello con la verdad proposicional como sustento.

Este concepto de la verdad proposicional y la división real-ideal dará origen a la metafísica, a la dualidad cartesiana: sujeto-objeto y permeará todo el pensamiento occidental, el cual se sostendrá en la ciencia y la verdad como comprobación y certeza.

Heidegger, al contrario, enfatiza la pérdida del ser y denuncia la razón calculadora y la manipulación de los objetos o instrumentos a la mano que han llevado a la construcción del mundo de la técnica en detrimento de la pregunta por el ser.

Para Heidegger, la filosofía debe hacerse la pregunta por el ser y no sólo por el ente tal como ocurre en la historia de la metafísica de Platón a Nietzsche, donde el ente se fue concibiendo como objeto del representar. La pregunta inicial sobre el ser debe conducirnos a un nuevo comienzo y al rompimiento del paradigma metafísico. Se trata de interpretar la verdad como asombro y no como certeza, aquello que se revela y se esconde, que propicia una relación distinta con el mundo, lo cual permitiría habitar de otra manera la tierra:

> Hay que *hacer* la pregunta que interroga por el sentido del ser. Si es una pregunta fundamental o incluso la pregunta fundamental, tal pregunta ha menester de que se llegue a «ver a través» de ella adecuadamente. De aquí que deba dilucidarse brevemente lo que en general es inherente a una pregunta, para poder hacer visible partiendo de ello que la pregunta que interroga por el ser es una *señalada* pregunta. (Heidegger 1977, p. 14)

Hacer la pregunta que interroga por el ser, entonces, nos permite apreciar el vínculo originario entre el lenguaje y el ser, como llamado hacia una nueva forma de escuchar o una nueva lógica de la existencia, de ese decir que guarda el secreto del ser y ayuda a acercarnos al ámbito de lo innombrable o indecible. Es el entrar a la escucha del silencio más allá de la lógica del logos (λόγος) y de las categorías aristotélicas; se trata de abordar el lenguaje no por sus elementos gramaticales o de fonación sino como el lugar donde se revela lo esencial de la palabra.

Ello nos conduce al lenguaje en su sentido existencial donde el ser es camino y acontecimiento, y el hombre no es el centro del mundo, sino que debe situarse en el claro: lugar del develamiento y la escucha. Es ahí donde acontece la dimensión del hablar pues es el habla la que nos conduce al advenimiento del propio ser y donde se expresa ese «que es en cada caso nosotros mismos», el *Dasein*.

La palabra, entonces, debe conservar la relación del ser con el *Dasein*: su esencia no consiste en su sonido, se trata de algo capaz de entablar un diálogo silencioso en lo desoculto que asume lo verdadero. La propia esencia de la palabra es lo que deja aparecer el ente en su ser y conserva, por tanto, lo que aparece, es decir lo desoculto como tal. El ser se manifiesta a sí mismo inicialmente en la palabra:

> La esencia de la palabra no consiste en absoluto en su sonido vocal, ni en la locuacidad y el ruido, tampoco en su función meramente técnica de la comunicación de información. La estatua y el templo se hallan en diálogo silencioso con el hombre en lo desoculto. Si la *palabra silenciosa* no estuviera allí, entonces nunca podría aparecer el dios que mira como vista de la estatua y de los rasgos de sus figuras. Y un templo nunca podría presentarse a sí mismo como la casa del dios, sin hallarse en el dominio de la desocultación de la palabra. (Heidegger, 2005a, p. 151)

Del ser y el ente

En *Ser y tiempo*, Martin Heidegger se plantea la pregunta por el sentido del ser. Ese ser que se muestra como *Da-sein* o ser ahí en su condición de abierto y arrojado al mundo y a los otros, el ser de este ente que es en cada caso el mío, ese ser que soy yo mismo y que puede realizarse propia (*eigentlich*) o impropiamente (*uneigentlich*). El estar con los otros implica que nunca estamos solos sino co-existiendo con los otros. Esta analítica existencial replantea la verdad como *alétheia* (ἀλήθεια). No se trata de la verdad como correspondencia del intelecto o adecuación a la cosa en sentido aristotélico, sino de un desocultar y recoger, como lo señala Heidegger:

> Lo que así se desoculta es lo que se muestra a partir de sí mismo. Aparece y hace presencia apareciendo: lo que presencia —el ente. Saber es recolectar que reúne lo que presencia a partir de sí mis-

mo en el desocultamiento. Así, el propio desocultamiento es lo que permite que lo presente pueda hacer presencia y se mantenga y resguarde en su hacerse presente. (Heidegger, 2012, p. 389)

A lo largo de la cultura occidental, la metafísica ha llevado a cabo lo que Heidegger nombra como el olvido del ser. Por eso Heidegger cuestiona el modelo de la lógica racional, el logos (λόγος) que, a partir de Platón, da origen al pensamiento occidental, a la división real-ideal, sensible-suprasensible, a la relación de conocimiento en torno a la representación y al vínculo cartesiano sujeto-objeto, en el cual el hombre se convierte en el logos racional por excelencia, el sujeto constructor y dominador del mundo. En ese trayecto se dio el olvido del ser y se impuso la pregunta por el ente. Dicha ruptura se manifestó en la polarización entre el mundo inteligible y el sensible; el mundo de las ideas versus el de las apariencias, ilustrado a través del símil de la caverna, el cual atravesó todo el pensamiento filosófico de Occidente, de Platón a Nietzsche.[1]

Desde Platón, el pensar sobre el ser y el ente se convierte en «filosofía», porque es un alzar la mirada hacia las «ideas». La «filosofía», que comienza sólo a partir de Platón, tiene desde ese momento lo que más tarde se llamará metafísica. (Heidegger, 2000, p. 196)

«Alzar la mirada hacia las ideas» condiciona la forma de relacionarnos con el mundo porque de aquí parte la objetivación de las cosas que permite la manipulación del ente como instrumento a la mano y ante los ojos. De este modo se convierte al hombre en centro del pensamiento y a la razón en principio de ser de las cosas.

La visión trabajada y denunciada por Heidegger a lo largo de toda su vida es que la meta-física es el sustento de la física del ente a través de la continua huida ante el ser (*Seyn*). La metafísica

---

1   Cfr. Platón (2015). *Diálogos*, La República, Libro VII, pp. 155-157.

muestra el fundamento del abandono final del ser al ente. La diferenciación del ente y el ser es sólo representativa (lógica), pues el pensar metafísico sólo se mantiene en la diferencia, pero de modo que en cierta manera termina convirtiendo al ser mismo en una suerte de ente:

La doctrina platónica de la «verdad» no es por ende nada pasado. Es «presente» histórico, pero no sólo en el sentido del «efecto secundario» de un texto doctrinal reconsiderado históricamente ni tampoco como imitación de la antigüedad ni como mera conservación de la tradición. Dicha transformación de la esencia de la verdad está presente como esa realidad fundamental de la historia universal del globo terrestre que avanza hacia la última época moderna y que hace tiempo que ha sido firmemente fijada y por ende aún no ha sido cambiada de lugar y lo domina todo. (Heidegger, 2000, p. 197)

Uno de los grandes hallazgos de Heidegger al estudiar el origen de la filosofía occidental es haber reflexionado acerca de lo planteado por los primeros pensadores griegos sobre el ser y la verdad, la cual se devela como un acontecer del ser, pues el ser se manifiesta en el claro (*Lichtung*) pero también se oculta. Es como la luz del amanecer que poco a poco permite ver desde la ventana cómo se va iluminando el paisaje, las montañas, los pinos en las laderas, hasta dejarlo descubierto, y que, al mismo tiempo, ensombrece otras regiones.

Heidegger señala que en la filosofía de la Antigua Grecia actuaba esencialmente la ocultación, así como la convivencia o correspondencia entre ser y verdad. En consecuencia, Heidegger refiere a los pensadores griegos llamados «originarios»: Parménides, Heráclito y Anaximandro, pues ellos muestran cómo el desocultamiento-ocultamiento es el rasgo fundamental de la verdad de sus escritos; a diferencia de Aristóteles quien, en su Física y Metafísica, buscaba la teoría y el concepto proposicional de la verdad. También para los filósofos romanos, lo esencial era la *veritas*, esto es, lo verdadero que deviene certeza, lo asegurado y lo cierto, aquello que puede comprobarse. La verdad originaria, la *alétheia* (ἀλήθεια), al contrario, no es sino el desocultamiento ocultante y eso no pertenece al ámbito del pensamiento lógico de Occidente. La reflexión por la verdad del ser surge en la historia de la filosofía a partir de la tesis de Parménides: «el ser es», y señala la pertenencia recíproca entre el ser y el pensar, que da origen al principio de identidad: el ser es; y al de contradicción: un ser no puede ser y no ser al mismo tiempo. Será Heráclito quien propondrá la dialéctica como perspectiva del ser: lo uno en sí mismo diferente, lo que es y no es al mismo tiempo en permanente lucha de contrarios. Ambos, Parménides y Heráclito, a quienes se suma Anaximandro –el que propone como el principio de la naturaleza al *ápeiron*, lo ilimitado–, son precursores, como ya lo dijimos, de lo que Heidegger llama el saber esencial. Anaximandro, Parménides y Heráclito serán, para Heidegger, los pensadores fundamentales:

Anaximandro, Parménides y Heráclito son los únicos pensadores iniciales. Ellos no lo son, empero, por abrir y comenzar el pensar occidental. Antes de ellos hay ya pensadores. Ellos son pensadores iniciales porque piensan el inicio. El inicio es lo pensado en su pensar. (Heidegger, 2005a, pp. 13-14)

Heidegger señala que Parménides había pensado el ser como unidad inmóvil más allá de todas las presencias concretas, donde el ser es uno a pesar de la multiplicidad de lo presente. Su error fue inmovilizar el ser, haberlo pensado fuera del siendo. Por el contrario, Heráclito descubre que la presencia es un siendo, un continuo devenir:

La presencia, como el lugar de lo presente, no es una e inmóvil, sino plural y cambiante. Resulta de este modo que Heidegger ha descubierto el tiempo de la presencia, el tiempo del claro en el que hay entes, el tiempo del ser; que es el tiempo como apertura del ser cuando se ha revelado que este tiempo del mundo es el horizonte de la unidad extática de la *Zeitlichkeit der Erschlossenheit* [temporalidad de la resolución]. (Rojas Jiménez, 2009, p. 125)

Sin embargo, con el paso de los siglos, y por influencia del pensar aristotélico, Occidente se olvidó de la pregunta por el sentido del ser. El sabio de Messkirch enfatizó la pérdida originaria del sentido del ser y analizó la historia de la metafísica occidental, cuyo desarrollo se fundamentó en el olvido de la pregunta por el ser y se concentró en el ser del ente, que apunta sólo a éste y venera la razón sostenida por siglos en la autocerteza donde todo se demuestra y controla, donde el hombre se apropia de las cosas y las manipula en la relación de conocimiento entre sujeto y objeto.

La metafísica tradicional, en consecuencia, interroga sobre el ser del ente pero no sobre el ser en sí mismo y sobre su verdad, una verdad que no implica una teoría del conocimiento, sino el lugar de la iluminación donde las cosas acaecen mostrándose, se respeta su esencia y se invoca a la presencia. Al contrario, el pensamiento metafísico reconoce la verdad como adecuación del pensamiento a la cosa (*adaequatio rei et intellectus*), se detiene en lo permanente, en ideas platónicas como la esencia y el arquetipo de las cosas, así como en la verdad proposicional de Aristóteles.

Pero la metafísica no lleva al propio ser al lenguaje, porque no piensa al ser en su verdad ni a la verdad como desocultamiento ni a ésta en su esencia. A la metafísica se le aparece siempre y únicamente la esencia de la verdad bajo la forma ya derivada del conocimiento y del enunciado. (Heidegger, 2003, p. 71)

El dominio del ente está centrado en la relación sujeto-objeto a través de la cual se manipula la relación con el mundo donde las cosas devienen útiles a la mano (*Vorhanden*). De aquí deriva el señalamiento de Heidegger sobre la manipulación de los objetos y su consideración del dominio del hombre sobre la naturaleza, que conduce al abuso de la técnica y que repercutirá en un daño irreversible al planeta. Este planteamiento es la nota característica de la época moderna donde el ente se posiciona como fundamento de un mundo cuantificable y hace posible el predominio actual de la técnica:

La ausencia de-indigencia se hace suma donde la autocerteza se hizo insuperable, donde todo es tenido por calculable y sobre todo se decide, sin pregunta previa, quiénes somos y qué debemos; donde el saber se perdió y nunca fue propiamente fundamentado, que el verdadero ser-sí-mismo acaece en fundar más-allá-de-sí, lo que exige: la fundación del espacio fundante y de su tiempo, lo que exige: el saber acerca de la esencia de la verdad como lo inevitable por saber. (Heidegger, 2005b, p. 112)

Años más tarde, Heidegger, al mencionar el ofrecimiento o donación del ser (*gibt*), hablará de éste como evento apropiador (*Ereignis*), mediante el cual se esencia la verdad del ser y su historia aparece como un acaecer en continuo movimiento, siempre dinámico, donde lo histórico del ser es el acaecer. Muestra al *Dasein* como un ser capaz de abrirse a sí mismo y al mundo. El *Ereignis* se encontrará en Heidegger como el elemento conductor en el sentido de «apropiación o acaecimiento», en especial en *Aportes a la filosofía. Acerca del evento*.

El preguntar por el sentido del ser

El punto de partida, desde donde el filósofo ha de establecer la diferencia entre la metafísica y el pensar propiamente filosófico, es la pregunta en la cual se evidencia la gran omisión que implica el abocarse por completo al ente, olvidando la pregunta por el sentido del ser que se manifiesta en ese ente:

La pregunta que interroga por el sentido del ser es la que hay que *hacer*. Con esto nos hallamos ante la necesidad de dilucidar la pregunta que interroga por el ser bajo el punto de vista de los elementos estructurales indicados. (Heidegger, 1977, p. 14)

La filosofía de Heidegger pregunta por el ser y no sólo por el ente. El ente se fue concibiendo como objeto del representar, tal como lo señala la historia de la metafísica de Platón a Nietzsche, aunque fue precisamente Nietzsche quien inició la crítica a la metafísica e indicó sus límites. Lo que hace que Heidegger considere a Nietzsche como el último metafísico es su propuesta de la vida como voluntad de poder, una que, aunque circunscrita dentro de la misma metafísica, es la fuerza misma de la vida. Sin embargo, la tesis del eterno retorno planteada en el Zaratustra y la exaltación de la cultura dionisíaca que presenta la ruptura, la pasión y la apertura, lo coloca como un primer crítico de la metafísica.

Lo que se oculta y des-oculta permite a Heidegger remontarse a los primeros pensadores griegos, al pensar inicial, a eso que se oculta, cuyo temple es el asombro de la mirada, el claro y el ocultamiento como el esenciarse del ser, el dejar surgir, el desplegarse de lo múltiple en su multiplicidad.

Desde tal perspectiva, en este darse y ocultarse del ser, Heidegger logra una relación distinta con el mundo, un encuentro diferente entre hombre y mundo, un volver sobre el otro comienzo (*Kehre*) que, de lograrse, permitiría habitar de diversa manera la tierra. Aparecería en ésta la cuaternidad (*Geviert*) hombres-dioses, tierra-cielo, y con ello la aproximación de la poesía y la filosofía, una frente a otra con sus diferentes formas del decir, de acceder y expresar la *alétheia*.

La pregunta por el ser también lleva a la pregunta por el lenguaje, pues es el presupuesto para transitar el camino abierto por Heidegger. Recordemos que «el lenguaje es la morada del ser». (2004, pp. 43-45). Y para acceder al lenguaje se requiere reconocer que se trata de un don, de una apertura que obliga a preguntar por el sentido y la verdad del ser. Por ello la problemática sobre el lenguaje deberá pasar por la ruptura con la metafísica y su vinculación con el logos (λóγος); de lo contrario, aparecería como mero instrumento de la comunicación humana. Lenguaje es casa del ser, el ser habita en él, y el hombre es pastor del ser, su cuidador. Y, para decirlo poéticamente, Heidegger elige la voz de Stefan George:

> Ninguna cosa sea donde falta la palabra. Allí donde falta algo hay una carencia, un quitar. Quitarle algo a algo significa retirarle, hacerle carecer de algo. Carecer de significa: le falta. Allí donde falta la palabra ninguna cosa es. Solamente la palabra disponible concede ser a la cosa. (George, citado por Heidegger, 1990, p. 199)

El planteamiento sobre el lenguaje hace a Heidegger preguntarse hasta dónde será posible un hablar acerca del ser sin convertirlo en un ente más del cual se habla. Esto lo conduce a los límites entre el decir y lo no decible. A continuación estudiaremos la diferencia que existe entre la concepción del lenguaje que aparece en *Ser y tiempo*, y la que propondrá años después en su *Carta sobre el humanismo*.

En *Ser y tiempo* Heidegger esboza la aparición del lenguaje como constitutivo del ser ahí, de ese ente que somos nosotros mismos. En esta obra señala que es el ser humano el que reposa sobre el lenguaje y no puede ser sino a partir de él. En *Ser y tiempo* el fundamento ontológico-existenciario del lenguaje es el habla. Sin embargo, en la *Carta sobre el humanismo*, escrita en 1946 y publicada en 1947 –aunque como proyecto inició en 1936–, es cuando se empieza a perfilar otra tematización sobre el lenguaje. A continuación, daremos cuenta de ese camino para pensar el lenguaje como condición de posibilidad en la relación ser-lenguaje y en la función que le dará al silencio y al callar como parte indispensable del habla.

En primer término, recordemos que el pensar está referido por una parte a lo presente ante la mano, esto es, al actuar, a la relación con el producir y con su utilidad en tanto proporciona a lo ya interpretado sólo lo más general. Este pensar es el dominante en la ciencia, sin embargo, no es el que revela a los pensadores y poetas como guardianes de la morada donde habita el hombre.

Liberar al lenguaje de la gramática para ganar un orden esencial más originario es algo reservado al pensar y poetizar. El pensar no es sólo *l'engagement dans l'action* para y mediante lo ente, en el sentido de lo real de la situación presente. El pensar es el *engagement* mediante y para la verdad del ser. Su historia nunca es ya pasado, sino que está siempre por venir. (Heidegger, 2004, pp. 12-13)

Heidegger hace un llamado no a un nuevo lenguaje o a otra forma de hablar sino a una nueva manera de escuchar y a que la lógica de la existencia esté atenta al auténtico lenguaje del final de la metafísica, ese que nos permite liberarnos de la interpretación técnica del lenguaje, de la gramática, y posibilita el decir del ser. Esto es, el lenguaje como experiencia, como posibilidad de alcanzar lo que nos acontece e interpela, para poder habitarlo.∫

El comienzo y el pensar inicial

Para Heidegger hay que regresar al comienzo del pensar pues el máximo evento es siempre el comienzo. Comienzo que será siempre el pensar originario; ahí se encuentra escondida la verdad del ente, pues es lo oculto, lo todavía no explotado, es el ser (*Seyn*) mismo como evento, el que capta de manera más amplia y guarda en sí un mayor dominio.

El pensar inicial es, como indica Heidegger en *Aportes a la filosofía. Acerca del evento:*

1. Dejar elevarse el ser (*Seyn*) al ente desde el decir silencioso de la palabra que concibe (Construir junto a esta montaña).
2. La disposición de este construir a través de la preparación del otro comienzo.
3. Elevar el otro comienzo como confrontación con el primero en su repetición más originaria.
4. En sí *sigético*, justamente callando en la más expresa meditación. (Heidegger, 2005b, p. 62)

Heidegger habla de un pensar originario como una vuelta a los orígenes, lo cual significa la unidad recuperada. El ser como ámbito del claro que permite ver lo que se muestra y hace que las cosas se revelen en su acontecer apropiador (*Ereignis*). Este pensar ontohistórico muestra que el ser no puede ser aprehendido como ente, debido a que acontece como lo otro del ente, como lo no-ente, esto es, como la no-cosa. El lenguaje divisa el ámbito de lo innombrable, lo que se encuentra más allá de lo decible, en tanto no es un decir del ente sino de lo otro del ente.[2]

Es en esta apertura de lo abismal y lo sin fundamento donde se vislumbra la posibilidad de habitar de otra manera el mundo. Sólo en la medida en la que el hombre advenga a la palabra verdadera como palabra plena, como «son del silencio», podrá recuperar el vivenciar lo innombrable.

Heidegger abre esta posibilidad a través de la sigética como lógica de la existencia. La sigética es el entrar en la escucha del silencio, más allá de la lógica del logos (λόγος) y las categorías aristotélicas, se trata de una lógica que pregunta por el lenguaje y por su esencia, no por consideraciones gramaticales y de fonación. Se pregunta por el lugar donde se revela lo esencial de la palabra, el darse en el silencio no como falta de sonido, sino como posibilidad del decir y fundamento del lenguaje, íntimamente enlazados con el ser.

---

2   Cfr. Ángel Xolocotzi. (3 de agosto de 2011), Seminario dictado en Monterrey.

Una forma de mostrar el ser en el silencio se encuentra en el verso: «negra la noche». Aquí no tenemos necesidad de sobreentender el verbo ser (es), la unión se da en la pausa, a través del silencio, en el ocultarse del ser que, simultáneamente, se hace presente mediante la elipsis. El ser está y se oculta, lo reemplaza el silencio, como bien dice Pierre Aubenque: «Platon disait dans le Timée qu'on ne peut dire sans contradiction qu'une chose est en devenir, puisque le verbe "Être" est un antonyme du verbe devenir».[3] (2004, p. 31)

Aquí nos proponemos darle seguimiento a la dimensión del lenguaje en la obra del Heidegger tardío, a esa dimensión que va más allá de la gramática y la lingüística y tiene que ver con el esenciarse de la verdad del ser. La esencia del lenguaje no puede pertenecer al orden del habla, pero ¿cómo hablar del ser diferenciándolo del ente? Existe una impotencia de la palabra, de tal modo que no se puede dar en un enunciado, por ello se vuelve indispensable la reflexión acerca del silencio como el otro rostro del lenguaje. Silencio y escucha serían las palabras adecuadas para nombrar ese otro mundo, un mundo del decir no ajeno al lenguaje:

El lenguaje se funda en el silencio. El silencio es el más oculto guardar-medida. *Guarda* la medida, sólo en tanto sienta pautas. Y así es el lenguaje un sentar-medida [...] Y en tanto el lenguaje es fundamento del ser ahí, se encuentra en éste la moderación, a saber, como el fundamento de la contienda de mundo y tierra. (Heidegger, 2005b, pp. 401-402)

Ello nos conduce al lenguaje en su sentido existencial, a la anti sustancialidad donde el ser es camino y acontecimiento y el hombre no es el centro del mundo, sino que debe situarse en el claro

---

3   «Platón dice en el Timeo que no podemos decir, sin contradecirnos, que una cosa es en su devenir, porque el verbo "ser" es antónimo del verbo devenir». (Trad. de la autora)

como lugar del desvelamiento y de la escucha. Escuchar es abrirse a lo ausente, atentos a lo que se devele, es la acogida de lo que viene o está por venir, el darse del ser en el ocultamiento y en el marco del no decir. La cuestión del lenguaje es, entonces, vista desde el ser para preguntar por su esencia, todo lo cual nos llevará a la poesía, al poeta que se encuentra en cada uno de nosotros.

Para entender estas afirmaciones, revisaremos primero la analítica del *Dasein* pues constituye el punto central de una de las obras consideradas principales de Martin Heidegger: *Ser y tiempo*. En esta obra se analizan ontológicamente las particularidades del *Dasein* y de los otros entes, mostrando que el existir implica una apertura al ser, así como un estar inacabado en el ahí en el mundo; se trata de un proceso de realización continua de sus posibilidades, en el cual en su ser le va su propio ser.

El *Dasein*, es decir, ese ente en cada caso mío, significa no una estructura establecida sino un desarrollarse continuo, un hacerse fáctica o existencialmente abierto a todas las posibilidades en un sentido temporal histórico. Por lo tanto, debemos asumir la responsabilidad de realizarnos como seres arrojados en el mundo con los otros. El *Dasein* siempre está en el mundo, nunca solo sino co-existiendo con los otros, en un determinado temple de ánimo, bajo una atmósfera afectiva y de cuidado de sí mismo y del otro.

La pregunta sería ¿cómo somos siendo?, ¿cómo cuidamos nuestro ser? En tanto seres, ahí vivimos una existencia que Heidegger encuentra propia o impropia pues el *Dasein* siempre está ante ambas posibilidades de ser: lo impropio de una vida cotidiana llena de confusión, habladurías y avidez de novedades, en el mundo del «uno» (*das Man*). Mundo del «uno», del «se dice», que representa la voz colectiva y se sustenta en la opinión, creencias y dichos populares. Por otro lado, para Heidegger la existencia auténtica vive frente a la mirada anticipatoria de la muerte que le provoca al ser ahí la angustia de saberse un ser temporal comprometido con su mundo y su habitar. Es la angustia de saberse un ser ante la muerte.

Discurso y *Dasein*

El habla es la estructura de la comprensibilidad del ser ahí (*Dasein*) y está presente en toda relación del ser ahí con las cosas que le rodean. Es a través del habla donde se encuentra la comprensión previa del mundo y del ser ahí. Sin embargo, el callar se considera en *Ser y tiempo* como un modo de ser del habla, un modo de ser por medio del cual, sin pronunciar palabra, el ser ahí significa o da a entender algo. El callar es una posibilidad del habla. El silencio en la obra de Heidegger es tematizado como la fuente del lenguaje. Se trata de un hablar sin proferir palabras, de una dimensión mediante la cual se comparte el estar en el mundo. Este lenguaje no es sólo la capacidad de comunicarnos verbalmente sino la posibilidad de ese entendimiento que reside en el ser, de esa precomprensión del ser, de esa gran matriz ateorética y precomprensiva, *a priori* históricamente, que hace continuo el flujo del entendimiento. El ser se da desde la palabra originaria: «en el principio era el verbo», el logos como palabra, «el genuino hablar», el disponer de un verdadero estado de abierto.

En el parágrafo 34 de *Ser y tiempo*, Heidegger esclarece el tema del lenguaje como un fenómeno que tiene sus raíces en la estructura existencial del estado de abierto del ser ahí, señalando que el fundamento ontológico-existencial del lenguaje es el discurso (*Rede*). Aclara que los existenciarios fundamentales que constituyen el ser del ahí, el estado de abierto y el ser en el mundo son: el encontrarse, el comprender y el habla, siendo el habla de igual originalidad existencial que el encontrarse y el comprender:

Si el habla, la articulación de la comprensibilidad del «ahí», es un existenciario original del «estado de abierto», mas éste resulta constituido primariamente por el «ser en el mundo», también el habla tendrá esencialmente una específica forma de ser «mundana». La comprensibilidad «encontrándose» del «ser en el mundo», *se expresa como habla.* El todo de significación de la comprensibilidad *obtiene la palabra.* (Heidegger, 1977, p. 180)

Para Heidegger el habla (*Rede*), el discurso, articula la comprensión del mundo al posibilitar el lenguaje, así como las significaciones y los componentes comunicativos, dialógicos y expresivos:

> Lo hablado es siempre una referencia a hablar sobre algo, preguntar, pronunciarse. No puedo preguntar por algo que no esté en el ámbito de mi experiencia. Hablando se expresa el ser ahí en cuanto ser en el mundo. El comprender es previo a todas mis determinaciones, a las condiciones de la trama de mí ser en el mundo; el encontrarse del ser en el mundo que se expresa como habla y es ella la que constituye al *Dasein*, hablo porque respondo al lenguaje. El encontrarse y el comprender otorgan una apertura que es anterior ontológicamente al conocer y al querer y es esta apertura la que conforma al *Dasein*. (Heidegger, 1977, p. 180)

El habla, para Heidegger, es la estructura existencial del lenguaje. A través del habla nos hacemos y nos relacionamos con el mundo y los otros. El habla no sólo corresponde a lo expresado, tiene además una serie de formas las cuales comunica de muchas maneras: amonesta, conversa, hace declaraciones. Hablamos aun cuando no pronunciemos palabras y también cuando callamos pues en lo hablado no se termina el habla ya que determina el ahí del *Dasein* y permite la comprensibilidad del mundo, además de constituir el elemento ontológico del lenguaje. Lo que debe quedar claro es que el habla viene a nosotros y nosotros no somos los dueños ni los forjadores del lenguaje. De lo que se trata es de tener una experiencia con ella, de atender el decir de la palabra:

> El «estado de ex-presada» del habla es el lenguaje. Esta totalidad de palabras que es aquello en que el habla tiene un peculiar ser

mundano, resulta así un ente intramundano que cabe encontrar delante como algo «a la mano». El lenguaje puede despedazarse en palabras como cosas «ante los ojos». El habla es lenguaje existenciario, porque el ente cuyo «estado de abierto» articula en significaciones tiene la forma de ser del «ser en el mundo», «yecto» y referido al «mundo». (Heidegger, 1977, p. 180)

Así mismo considera el oír como existenciario constitutivo del habla en el que se despliega el ser-con bajo sus diversas formas de comunicación, posibilitadas por el escuchar comprensor:

La relación del habla con el comprender y la comprensibilidad resulta clara si se fija la atención en una posibilidad existenciaria inherente al hablar mismo, el oír. No es casual que digamos, cuando no hemos oído «bien», que no hemos «comprendido». El «oír es constitutivo del hablar». Y así como la fonación verbal se funda en el habla, la percepción acústica lo hace en el oír. El «oír» «a» alguien es el existenciario «ser patente» del «ser ahí», en cuanto «ser con» para el otro. (Heidegger, 1977, p. 182)

El mundo tiene que acontecer en la dimensión del hablar y ello es posible porque los seres humanos, en tanto *Dasein*, participamos de la misma estructura ontológica a través de la cual el habla nos conduce al advenimiento del propio ser, al momento apropiador donde el ser se revela porque la apertura del ser está en el lenguaje. El lenguaje articula el estado del *Dasein* mediante las palabras en su estado de abierto y en su estar arrojado en el mundo. Es hablando como se expresa el «ser ahí» y sólo en el genuino hablar se puede dar el callar. El lenguaje también es la condición de posibilidad del sonido, hay que abrirnos para escuchar al otro, para ello el silencio constituye su fuente y no se trata de una ausencia de sonido, pues el mundo se comparte en la dimensión del hablar. Sólo un ser que habla puede guardar silencio:

Sólo donde es dada la posibilidad existencial de hablar y oír puede alguien escuchar. Quien no puede oír y tiene que tocar quizá puede muy bien y por ello escuchar. El no hacer más que andar oyendo es una privación del comprender oyendo. Habla y oír se fundan en el comprender. Éste no nace ni del mucho hablar, ni del afanoso andar oyendo. Sólo quien ya comprende puede estar pendiente. La silenciosidad es un modo del habla que articula tan originalmente la comprensibilidad del «ser ahí», que de él procede el genuino «poder oír» y ser «uno con otro» que permite «ver a través» de él. (Heidegger, 1977, pp. 183-184)

Por ello el mucho hablar no garantiza el comprender, por el contrario, el exceso de palabras no ayuda a la comprensión, ni el callar consiste en estar mudo, se trata del poder callar y disponer de un verdadero estado de abierto. El silencio y el callar se van configurando en la obra de Heidegger como el origen del lenguaje y se vincularán al propio ser, pues el ser acontece en el lenguaje y el habla viene a nuestro encuentro al adentrarnos en su hablar para lo cual es necesario el silencio y la escucha.

El *Dasein* se expresa a través del habla y así lo ha hecho desde siempre porque es lenguaje. Empero, en lo expresado se encuentra implícitamente una pre-comprensión y una interpretación del ser ahí con otros. Al comunicarnos, hablamos de algo con alguien, lo hacemos en relación a nuestro estar en el mundo, y lo compartimos en la dimensión del hablar. El *Dasein* se encuentra en un espacio de significación, en un contexto histórico. Heidegger entiende la palabra como un hablar, una interlocución, una *Rede* (habla, discurso), lo diferencia de *Sprache* (lenguaje). Ese es el sentido del logos (λόγος) de los griegos antiguos que, más tarde, se disocia como pensamiento y palabra y surge el dominio del pensamiento calculador que refuerza la relación sujeto-objeto: «En el pensador alemán el hablar se extiende hacia el silencio y la poesía. El silencio no aparece como ausencia del hablar, sino como otra posibilidad del hablar. Como un hablar sin proferir palabras».[4]

Heidegger plantea el silencio como una posibilidad del lenguaje, el hombre es lenguaje y desde su estar en el mundo, y sólo a partir de su propia existencia y de querer algo con respecto al mundo y a sí mismo, es que habla. La relación del *Dasein* como estar en el mundo quiere decir que pertenece a un sistema de signos y significados:

> Sabemos de una manera totalmente indeterminada qué es hablar, qué es el lenguaje. Pero no tenemos ninguna información sobre qué significaba para los griegos el lenguaje en su existencia natural, cómo vieron ellos el lenguaje [...] El griego vivía en un modo especial en el lenguaje y era vivido por él, y él era consciente de ello. El poder dirigirse con el lenguaje a aquello que viene a nuestro encuentro y el poder describirlo hablando (mundo y yo), lo cual no tiene que ser filosofía, Aristóteles lo caracteriza como ser humano: tener lenguaje. (Heidegger, 2006, p. 37)

Categorías existenciales

El habla puede mostrarse como habladurías y perder su sentido originario al expresarse en el mundo del «uno» (*das Man*), esto es, a través de la vida fáctica, mediante el sujeto impersonal o colectivo: lo que se dice o se hace desde el ente intramundano cuya característica sería un modo inauténtico de existencia, marcado por la avidez de novedades, la curiosidad, la superficialidad y la ambigüedad, todo ello propio de la condición humana. Para Heidegger las habladurías son propias del hablar humano y llevan a la pérdida del camino del ser en su carácter de acaecimiento

---

4   Pascal David. (Noviembre de 2008), Heidegger. *Ser y tiempo*, seminario dictado en la Facultad de Filosofía de la UANL.

y a volcarse sobre la técnica. En este tipo de prácticas, el ser humano pierde el origen de su habitar, su morada como guardián, y se instala en lo que, en términos heideggerianos, se conoce como el gran olvido del ser, al preguntar no por el sentido del ser sino por el ente y sus posibilidades utilitarias.

> El habla, que es inherente a la estructura esencial del ser del ser ahí, cuyo estado de abierto contribuye a constituir, tiene la posibilidad de convertirse en habladurías y, en cuanto tales, no tanto de mantener patente el ser en el mundo en una comprensión articulada, cuanto de cerrarlo y de encubrir los entes intramundanos. Este cerrar se hace cada vez mayor por el hecho de que en las habladurías se cree haber alcanzado la comprensión de lo hablado en el habla, y en virtud de esta creencia estorba toda nueva pregunta y discusión, descartándola y retardándola de un modo peculiar. (Heidegger, 1977, p. 188)

Las habladurías no pueden sustraerse a la interpretación, a ese estado de interpretado donde el *Dasein* es desplazado por el «uno» que conforma el espectro de posibilidades y libera al *Dasein* de responder a sí mismo. Sin embargo, Heidegger nos coloca ante la apropiación del mí mismo, nos abre la posibilidad de acuerdo a nuestras condiciones y contextos como parte de la misma estructura. Es el habla lo que constituye al *Dasein* que es pura posibilidad, el lenguaje articula su estado de abierto en su estar arrojado en el mundo y articula la comprensibilidad del mundo, pero presenta múltiples posibilidades siempre abiertas. El hablar posibilita el lenguaje cuya función es su apertura al mundo, sin desconocer todas las aperturas como se hace en el mundo de la opinión, de la curiosidad, donde es manejado por la colectividad y sus hábitos.

El habla trasciende al lenguaje, tiene muchas formas de manifestarse. Primero tiene que ver con la expresión, «presupone un interior que se exterioriza». Además, es una actividad propia del hombre que expone lo real y lo irreal. El habla articula la significatividad del comprender, constituye el momento apropiador donde el ser se revela.

El habla nos viene al encuentro, se adviene a nosotros y exige que nos adentremos en el hablar del habla, en su ámbito, y no en el nuestro, con el fin de hacer nuestra morada en ella, pues sólo desde ahí se nos puede confiar su esencia.

> El habla habla. ¿Qué hay de su hablar? ¿Dónde hallamos semejante hablar? En lo hablado, el hablar se ha consumado. En lo hablado no se termina el hablar. En lo hablado el hablar permanece resguardado. [...] Mas, si debemos buscar el hablar del habla en lo hablado, debemos encontrar un hablado puro en lugar de tomar indiscriminadamente un hablado cualquiera. Un hablado puro es aquel donde la perfección del hablar, propio del hablado, se configura como perfección iniciante. Lo hablado puro es el poema. (Heidegger, 1990, p. 15)

Heidegger deja ver cómo el habla también es lo no dicho, es el silencio, las señas, lo que hacemos. Somos seres de lenguaje, esto es lo que nos constituye, y el lenguaje abarca también lo no hablado. El silencio se inscribe en el habla y no fuera de ella, es un callar expresivo que se da a entender sin discurso, sin necesidad de hacer uso de la palabra. En ocasiones encontramos este callar expresivo en la poesía y no porque no haga uso de la palabra sino porque va más allá de ella en ese no decir que dice.

El nombrar invoca, dice Heidegger, llama las cosas a la palabra, llama a venir a una proximidad, llama a la presencia y hacia la ausencia. La verdadera invocación es la llamada originaria, se habla desde la cosa-mundo y el mundo-cosa, y se despliega como el advenimiento de la diferencia entre mundo y cosa. El silencio es el que lleva a término mundo y cosa, a su esencia. Ahí el silencio juega un papel determinante:

[...] tal apropiación deviene propiedad en la medida en que la *esencia* del habla –el son del silencio– *necesita y pone en uso* el hablar de los mortales para poder sonar como el son del silencio a sus oídos. Sólo en la medida en que los hombres pertenecen al son del silencio son capaces, en un modo que a *ellos* les es propio, del hablar que hace sonar el habla. (Heidegger, 1990, p. 28)

Los humanos hablan en la medida en que están atentos a la invocación del silencio, a la escucha de la diferencia, aunque no la conocen. Es así como en ese escuchar aparece el corresponder que implica un responder con reconocimiento y recogimiento, y el manifestar de la escucha.

Lo «uno» y el lenguaje

En *Ser y tiempo*, Heidegger deja de manifiesto que el habla (*Rede*) es el primer escalón para emprender el camino de la esencia del lenguaje. Se trata de reconocer que el hablar cotidiano no accede a la esencia del habla, pues no se trata de reducir el lenguaje, como ya se dijo, a sus estructuras o a su uso instrumental como fenómeno comunicacional. Lo que muestra Heidegger es que el habla habla, el habla se apodera de nosotros, acaece y nos transforma; no depende de nosotros, sino que algo se hace, adviene, tiene lugar. Nuestra relación con el habla es oscura, casi muda. El hacer una experiencia con el habla es distinto a la adquisición de conocimientos sobre ella, como pasa en el caso de las ciencias de la lengua, sea la lingüística, sea la filosofía del lenguaje.

En *De camino al habla*, compendio de tres conferencias pronunciadas por Heidegger en distintos momentos entre 1950 y 1959, analiza que desde antaño se hacía filosofía acerca del ser, y cómo el filósofo debía dejarse interpelar por él:

Antes de hablar, el hombre debe dejarse interpelar de nuevo por el ser, con el peligro de que, bajo este reclamo, él tenga poco o raras veces algo que decir. Sólo así se le vuelve a regalar a la palabra el valor precioso de su esencia y al hombre la morada donde habitar en la verdad del ser. (Heidegger, 1990, p. 20)

En este sentido, puede afirmarse que esta valoración de la palabra puede admitirse, pues como asienta Heidegger en la misma obra:

Algo es solamente cuando la palabra apropiada –y por tanto pertinente– lo nombra como siendo y lo funda así cada vez como tal. El ser de cualquier cosa que es, reside en la palabra. De ahí la validez de la frase: el habla es la casa del ser. (Heidegger, 1990, p. 149)

La esencia del habla se muestra en el «advenimiento apropiador» (*Ereignis*). El *Ereignis* es un término que aparece en toda la obra de Heidegger. En *Ser y tiempo* adquiere su significado de «acontecimiento» o «evento» y pone en evidencia la relación entre ser y *Dasein*. No es sino hasta *Aportes a la filosofía. Acerca del evento*, escrito entre 1936 y 1938, en las primeras lecciones de Friburgo, al hablar del acontecimiento apropiador del ser, que aparece *Ereignis* como todo lo vivido o experimentado, ya que con este nombre ofrece una designación a una vivencia o a algo que me sucede (*Erlebnisse*). Posteriormente Heidegger lo piensa como acontecimiento apropiador, como un proceso dinámico del ser, como un acaecer histórico. El término *Ereignis* expresa el doble movimiento de donación y retracción, de manifestación y ocultamiento, con un carácter histórico epocal. (Escudero, 2009, pp. 78-79)

La peculiaridad que encontraríamos en lo «uno», en la voz del rumor, en la voz colectiva es que ésta habla desde la opinión, desde la cotidianidad, desde el convivir en su estar en el mundo, mientras hablar del lenguaje es de orden esencial, esto es, desde un modo de existir reflexivo asumiendo la temporalidad y la mirada anticipatoria de la muerte:

> Habladuría, curiosidad y ambigüedad caracterizan la manera como el *Dasein* es cotidianamente su «ahí», es decir, la aperturidad del estar-en-el-mundo. En cuanto determinaciones existenciales, estos caracteres no son algo que está-ahí en el *Dasein*, sino que contribuyen a constituir su ser. En ellos y en su conexión de ser se revela un modo fundamental del ser de la cotidianidad, que nosotros llamamos la *caída* (*Verfallen*) del *Dasein*. Este término no expresa ninguna valoración negativa; su significado es el siguiente: el *Dasein* está inmediata y regularmente en medio del «mundo» del que se ocupa. Este absorberse en... tiene ordinariamente el carácter de un estar perdido en lo público del uno. Por lo pronto, el *Dasein* ha desertado siempre de sí mismo en cuanto poder-ser-sí-mismo propio, y ha caído en «el mundo». El estado de caída en el «mundo» designa el absorberse en la convivencia regida por la habladuría, la curiosidad y la ambigüedad. (Heidegger, 1995, pp. 197-198)

Por ello lo «uno» o la habladuría no son entidades constitutivas por sí mismas, sino algo propio de la caída del *Dasein*, de su estancia en el mundo, de la vida fáctica.

Mientras el decir de un poeta permanece en lo no dicho y se trata de habitar en el habla, el lenguaje es el lugar donde acontece el ser; sin ser no hay lenguaje ni ente y a su vez el ente es necesario para que se muestre el ser.

> El lenguaje surge del ser (*Seyn*) y pertenece por ello a éste. De este modo todo reside de nuevo en el proyecto y pensar «del» ser (*Seyn*). Pero ahora tenemos que pensar a éste de modo que en ello al mismo tiempo recordemos al lenguaje... «El» lenguaje es «nuestro lenguaje», «nuestro» no sólo como la lengua materna, sino como el de nuestra historia. Y entonces nos sorprende lo

último cuestionable en medio de la meditación acerca «del» lenguaje. (Heidegger, 2005b, p. 395)

Nuestro lenguaje es nuestra historia porque somos seres epocales, aconteceres históricos y porque el lenguaje es lo que nos hace humanos, es por ello que Heidegger dice que siempre hablamos, dormidos o despiertos, soñando o leyendo pues el lenguaje es a-histórico, pertenece al ser, al «morar extático de la proximidad del ser» y le corresponde ser la «morada del ser». No se trata de pensar el logos (λόγος), de pensar el hombre como animal que es racional por tener lenguaje; el lenguaje es una donación (*das gibt*), una dádiva del ser al hombre y por eso es en el lenguaje donde acontece el ser.

2

Lenguaje y ser

En este capítulo analizaremos el principio esenciante del lenguaje en Heidegger, de lo cual lo primero que podríamos decir es que se trata de una experiencia nueva: la del acontecer mismo y de su despliegue en tanto lenguaje. Somos nosotros quienes estamos atentos al esenciarse del lenguaje, en lo que es. El lenguaje interpela al hombre, lo llama y él acontece siendo lenguaje, se da donde hay diálogo y constituye un devenir constante, siempre en continuo movimiento. Al acontecer, el lenguaje se abre al mundo, es apertura a la diferencia de lenguas maternas y culturas, con una visión dinámica en un ocurrir permanente.

Heidegger pregunta en su obra *Aportes a la filosofía. Acerca del evento*, si el lenguaje está dado con el hombre o es el hombre el que se da con el lenguaje. A ello responde que ambos pertenecen de modo originario al ser y agrega que el lenguaje sólo es lenguaje y sólo puede ser ahistórico porque surge del ser. La dimensión acerca del ser (*Seyn*) y del lenguaje responde al intento de emprender el camino para llegar al ser, esto es, a nuestra historia. Una de las preocupaciones de Heidegger es que la verdad del ser llegue al lenguaje, pero para ello hay que seguir el camino del silencio: «Pero ¿quién de entre nosotros, hombres de hoy, querría imaginar que sus intentos de pensar pueden encontrar su lugar siguiendo la senda del silencio?» (2004, p. 59)

Heidegger vislumbra esa otra dimensión y dificultad de la relación lenguaje-ser que se vuelve imposible de nombrar. Por ello hay que observar, como el filósofo de Messkirch señala, que debemos

43

estar atentos a lo no dicho, al señar, al claro (*Lichtung*), donde se revela o acontece el ser, donde *se* reconoce lo no dicho en lo dicho que podría acercarnos a ese otro lado del lenguaje; lo hablado también tiene su origen en lo inhablado; esta gran capacidad expresiva de lo no mostrado, de lo no dicho que se hace patente e intuimos en la poesía. El ser queda al mismo tiempo en su silenciamiento, y se enfrenta a estar habitando el habla en su desocultación.

De camino al lenguaje

La posibilidad de hablar permite compartir una manera de ser en el mundo con los otros, pues siempre estamos en el mundo con los otros; esto deja abierta la posibilidad esencial de la palabra, aquella que consiste en callar, en guardar silencio. Un silencio que puede ser parlante como los silencios de la música o los del bosque, cuando el movimiento de las hojas participa con sus sonidos porque la ausencia de sonido no debe confundirse con el silencio:

Hacer visible lo invisible, el silencio no pertenece al elemento sonoro sino al visual: dentro de otros, el murmullo del río y las hojas de los árboles participan en el silencio del bosque, no rompen el silencio del bosque. Virgilio habla de los silencios de la luna cuando la luna no se muestra. Se trata de ver lo que no se muestra y de decir lo indecible, de pedirle palabras al silencio. Generalmente desviamos la mirada de lo que aparece, del aparecer mismo de las cosas, del aparecer apareciendo.[1]

Al hablar de la sigética, en los *Aportes a la filosofía. Acerca del evento,* Heidegger se refiere al silencio y habla de refundar la lógica de la filosofía, considerada también como lógica de la existen-

---

1   Pascal David. (Noviembre de 2011) Conferencia dictada en el Centro de Investigación en Docencia y Humanidades del Estado de Morelos, Cuernavaca.

cia, pues se pregunta por la cuestión fundamental desde el otro comienzo y por el origen del ser, y busca la verdad del esenciarse del ser que responde a la ocultación, al misterio que hace señas.

> El silencio es la circunspecta legalidad del callar (*oiyâv*). [...] Ella busca *la verdad del esenciarse* del ser (*Seyn*). Toda palabra y con ello toda lógica está bajo el poder del ser (*Seyn*). La esencia de la «lógica» es por ello la sigética. Recién en ella es también concebida la esencia del lenguaje. (Heidegger, 2005b, pp. 77-78)

Heidegger señala que la sigética tiene leyes más elevadas que toda lógica. Tampoco el silencio es una a-lógica, no se trata de algo irracional, o bien de símbolos y cifras, pues ello correspondería a la metafísica. Se trata de un *a priori* a-teorético, de una condición fáctica esenciante: «El silencio surge del origen esenciante del propio lenguaje». (2005b, p. 78)

Sin embargo, en *Ser y tiempo*, la propuesta sobre el silencio recae en el callar del ser ahí (*Dasein*) que muestra lo no-decible. Y en la *Carta sobre el humanismo* el lenguaje es el constituyente del ahí, el fundamento de su vinculación al mundo. Desde este punto de vista, la obra permite adentrarse en un sendero nuevo para la indagación filosófica y para las consideraciones acerca del lenguaje como sustento del ser ahí, esto es, de su estar en el mundo y con los otros, lo cual se logra porque somos habla, porque una de las formas de estar en el mundo con los otros es el lenguaje que se presenta también como diálogo; y porque somos diálogo nos comunicamos y entendemos.

El interpelar del ser trae a presencia las cosas. Presencia que es a la vez invocada en la invocación y resguardada en la ausencia. En esta llegada, al ser nombradas, las cosas son invocadas a su ser cosa. Este nombrar en sentido heideggeriano es propio de la poesía, porque el poema nombra e invoca al mundo a venir a las cosas y viceversa. Al mismo tiempo intenta acercar la poesía al pensamiento.

¿Hasta dónde el silencio acompaña a ese venir de las cosas a la presencia? Porque si bien se nombran, también se ocultan, y en el ocultarse se muestra el ser y el silencio. Tal vez podríamos decir que, para Heidegger, lo oculto siempre se encuentra en silencio hasta no ser revelado. La poesía y la filosofía revelan su relación en el hablar y el decir, así mismo en lo no hablado cuando la palabra que habla poéticamente descubre la existencia como posibilidad.

Heidegger habla de un llamado que invita a la intimidad entre mundo y cosa, que se considera como la verdadera invocación, como la esencia del hablar, pues somos habla desde que el tiempo es y desde entonces somos seres históricos. Para Heidegger es la poesía la que hace posible el lenguaje y es a través de ella como el hombre se concentra en el fundamento de su existencia.

> Desde que somos habla el hombre ha experimentado muchas cosas y ha nombrado muchos dioses. Desde que el lenguaje acontece auténticamente como habla, los dioses llegan a la palabra y aparece un mundo. [...] es precisamente en nombrar a los dioses y en hacerse palabra el mundo en lo que consiste el auténtico hablar que nosotros mismos somos. (Heidegger, 2005c, p. 44)

Somos un acontecimiento de lenguaje y con él se funda el tiempo histórico, esto es, el tiempo del hombre:

> Somos un diálogo y el habla se percibe como un don; es el habla del lenguaje y sin él no habría entes ni ser. El ser humano desarrolla su ser en la dimensión del tiempo; hablamos no sólo para comunicar mensajes, tenemos en común la carga de nuestra existencia.[2]

---

2 Félix Duque. (Noviembre de 2016). El Heidegger de los *Aportes a la filosofía. Acerca del evento*, Seminario dictado en Monterrey.

Un pasaje de Heidegger, que permite ahondar en el sentido del silencio y del hablar del lenguaje, aparece como hermenéutica fenomenológica en su obra *De camino al habla*. Se da cuando Heidegger hace de inquiridor y entabla un diálogo con el filósofo japonés, Shuzo Kuki; en dicho diálogo muestra otras formas de la manifestación del habla frente a las diversas miradas de las culturas de Oriente y Occidente. Abre así la comprensión sobre el silencio y la sigética, sobre lo no dicho en lo dicho y el sentido del señar.

En este diálogo se hace mención al conde Shuzo Kuki, quien había estudiado *Ser y tiempo* con el filósofo alemán y a su regreso dictó cursos sobre arte y poesía japonesa en la Universidad de Kyoto. Debemos aclarar que varios estudiosos japoneses llegaron alrededor de 1921 a los cursos tanto de Husserl como de Heidegger. La primera traducción de *Ser y tiempo* fue hecha en Japón y, según estudiosos como Riedel (2002), fueron ellos quienes mejor entendieron su obra *Qué es metafísica*, así como el concepto de la nada.

Estos antecedentes serán importantes para profundizar en el contexto del diálogo que gira en torno al habla y el lenguaje, lo mismo que la presencia de las señas y los guiños como parte fundamental de la escucha del silencio. En dicho texto, Heidegger señala: «La meditación acerca del habla y del ser determina desde el comienzo mi camino de pensamiento». (1990, p. 86)

También se interroga si es posible establecer un diálogo entre el pensamiento europeo y el extremo-oriental. Con este fin, reconoce que sería necesario trascender el límite de la representación conceptual, y permitir el surgimiento de otra dimensión de lo dicho a través de las señas y los guiños, de lo no dicho, así como la conformación de una visión del mundo y de las cosas donde el vacío y la nada serían parte esencial de la misma.

Hay que pensar el habla a partir de sí misma, sostiene Heidegger, el decir poético manifiesta aquello que se oculta en su mismo ocultamiento y hay que dejarlo ser, permanecer en estado de espera, en lo abierto. El pensar es un regalo no provocado por nosotros, adviene, es algo que se da (*es gibt*). De aquí la importancia de colocarnos en el claro (*Lichtung*) del ser, estar en estado de recogimiento y atentos a la escucha, sin olvidar que es un don, es la experiencia de lo que se «porta» hacia nosotros. Es el acontecer de lo que se nos revela o muestra.

¿Hasta dónde este diálogo con el japonés y las características esenciales de su cultura facilitan a Heidegger el sentido del silencio y la comprensión del ámbito del vacío? ¿Hasta dónde el encuentro muestra la presencia de la poesía, del guiño y la seña como caminos en el revelarse del silencio y el decir del habla? Este encuentro, inferimos, deja en claro a Heidegger la posibilidad de habitar de otras maneras el mundo y le permite comprender la presencia del vacío: ese espacio dentro del cántaro, el vaciamiento del cántaro, la nada del ahí y la fuerza de los guiños como otra forma de ser en el mundo con los otros, de saber reconocer lo no dicho en lo dicho: «La lengua de nuestra conversación destruye continuamente la posibilidad de decir aquello de lo que hablamos». (1990, p. 94)

Nunca resuelve Heidegger las dudas acerca de las certezas o los fundamentos, nada hay que lo pueda engañar y lo sitúe dentro del peligro de la influencia de la mirada occidental con la supremacía de la razón. Lo más complejo de la propuesta consiste en desvincularnos de la representación metafísica, por siglos presente, de la preponderancia de la diferencia entre lo real y lo ideal establecida por Platón. Esto es, del sujeto pensante cartesiano que, a partir de la modernidad, conquista Occidente con las ideas de objetividad y representación conceptual. Todo ello resulta ineludible para Occidente, y ha llevado al abuso de la técnica, propiciado por el olvido del ser y a la explotación del planeta, considerado como mero recurso.

Al inquiridor le sugiere su interlocutor que, para poder habitar el mundo japonés, debe presenciar el espectáculo del teatro Nôh: «Usted sabe que el escenario japonés es vacío», dice el filósofo japonés, a lo que Heidegger, como inquiridor, responde:

48

Este vacío requiere un recogimiento inhabitual […] porque el vacío es lo mismo que la nada, en él se da todo lo que viene a la presencia y se ausenta, sólo se necesita un leve gesto para hacer aparecer, desde una singular tranquilidad, algo prodigioso. (Heidegger, 1990, p. 98)

¿Qué nos adelanta en esta conversación el inquiridor? Para los japoneses el vacío es lo que Heidegger muestra con la palabra «ser», no en un sentido metafísico sino en su sentido propio, esto es de su verdad, de su claro (*Lichtung*), por la amplitud de lo abarcante y lo sin límites. Además, señala cómo la cultura oriental de Japón no expone sus experiencias mediante las formas metodológicas conceptuales, pues destruirían la vivacidad de los pasos del pensamiento; y cómo, aun cuando ambos dialogantes reconocen que se refieren a la esencia del habla, no les está permitido tocarla. Para los pueblos de Extremo Oriente y Europa es fundamentalmente distinto lo que concierne a la esencia del habla. Sin embargo, ambos dialogantes aceptan que, durante el intercambio, existía el presagio –o tal vez la intuición– de que la fuente de sus dos lenguas aparentemente distintas, era la misma. He aquí el misterio que alude a la dimensión donde el habla se vivencia y se presencia sin intermediarios, más allá del decir. Es posible que aquí se muestre la dimensión originaria del lenguaje como acontecer o como habitar, donde se está en casa.

Más adelante, en el texto antes citado el inquiridor indica: «Las señas necesitan del espacio más amplio para moverse "libremente" en el espacio vacío». (Heidegger, 1990, p. 107)

He aquí una alusión al teatro Nôh, al vacío que permite señar, que es misterioso, pues al mismo tiempo se seña el *acuerdo* y el rechazo, como apertura a otra dimensión.

El teatro Nôh, como antes indicamos, tiene un escenario casi vacío, se trata de una tarima rectangular y al fondo se dibuja un pino cuyo sentido es sugerir, mostrar, mas no representar conceptualmente el ambiente. En ocasiones se puede encontrar un arma, un instrumento musical, unos jarrones; los actores se comunican con el público y hay un coro que recita o canta los sucesos, no los representa. Se trata de no imitar la «realidad» sino de mostrar y vivenciar la creación poética, de ese no decir en lo dicho. Para ello la riqueza de los vestuarios, las máscaras, la pantomima, la danza, el canto y la poesía juegan un papel preponderante, además de la intensidad de los gestos y gesticulaciones. Su característica esencial es un ideal de composición mímica. Estamos ante un mundo de señas y trances, de experiencias y vivencias donde los dioses y los espíritus son llamados a la presencia, ante una creación llena de solemnidades y silencios en el cual el coro cobra una importancia especial, donde pensamiento, poesía y canto se muestran y acontecen en la palabra. Se logra así percibir a través de señas lo que para otros puede pasar inadvertido.

En este espacio vacío del teatro Nôh se funda la palabra a partir de ella misma, porque para Heidegger la palabra es hablante, el hablar es un llamado, un llamar a venir, llevar a la proximidad de la presencia. Los protagonistas del teatro Nôh relatan sus historias más allá de las épocas o regiones en que hayan tenido lugar los acontecimientos, muestran una gran sutileza en los movimientos, siempre bajo una máscara que alude a lo simbólico-poético. Es un llamado a la proximidad de la presencia, ellos no hacen representaciones, sólo muestran caminos e historias. Como puede apreciarse, en el teatro Nôh se presenta de nuevo el no decir en lo dicho.

Eugen Herrigel, profesor de filosofía en Heidelberg y estudioso de la cultura en Japón, lector apasionado de Meister Eckhart, a quien consideró su padre espiritual, fue un especialista en la poesía y las artes propias del budismo zen. Herrigel al discurrir sobre el arte dramático japonés refiere que el movimiento expresivo de los actores que emplean ademanes muy velados –llamado arte mudo o interior– no buscan el efectismo sino la moderación y que los espectadores saben interpretar estos movimientos en relación a los sentimientos y el estado emocional de los personajes:

Palabras breves, una inclinación de cabeza, un movimiento de la mano –o incluso quizá de un dedo– bastan para expresar más de lo que expresa la palabra. En efecto, el teatro japonés (tanto el Nôh como el Kabuki) no se basa en el verbo sino en el silencio [...] por lo tanto lo que contiene no puede ser relatado, sino, en todo caso, sugerido. Hay piezas en las cuales, el actor, sin proferir una palabra, mantiene en vilo largo rato a los espectadores gracias a un modo de expresión tan sobrio que es llamado con justicia danza inmóvil o danza sin danza. (Herrigel, 1980, p. 43)

El zen debe al taoísmo una doctrina sin palabras, pretende provocar en el discípulo la iluminación y, mediante la experiencia de lo sin sentido, acude a las paradojas, al absurdo, a todas aquellas formas contrarias a la lógica racional para descubrir un nuevo sentido, incomunicable por las palabras (Asiain, 2014, pp. 71-73).

El texto de la obra de teatro Nôh no se lee, es percibido por el genio del actor cuya capacidad de expresión no es lo que puede manifestarse a través de la palabra, sino de la mímica, en un rostro casi inmóvil por el empleo de la máscara. Según la tradición milenaria de Japón, cualquier gesto tiene su importancia; en las danzas del teatro Nôh, se trata de gestos llenos de sentido.

Respecto al teatro Nôh, Zeami refiere: «música, danza y actuación son artes imitativas» y abunda:

El abanico que llevan los actores puede simbolizar un cuchillo, un pañuelo o una carta, según la acción pida [...] el teatro Nôh, como todo arte japonés es alusivo y elusivo. [...] es esencial no decir: esto es triste, sino que el objeto mismo sea triste [...] Nôh sin entendimiento. Es decir, Nôh en el que la conciencia se ha disuelto en la quietud, nosotros mismos nos hemos fundido con aquello que contemplamos [...] La cima del instante es un estado paradójico del ser: es un no ser en el que, de alguna manera, se da el pleno del ser. Plenitud del vacío. (Zeami, citado por Asiain, 2014, pp. 72-73)

Podemos trasladar este escenario vacío a lo que Heidegger ha querido señar en su encuentro con el filósofo japonés y al mismo tiempo mostrar cómo se da el otro camino del sentido del ser, la pertenencia a la nada, el reconocimiento de lo no pensado. Desde estos parajes queda como dicho en lo no dicho la otra forma de habitar la tierra; y cómo el silencio siempre está presente en ese escenario donde la quietud es el estado emocional y el instante del claro (*Lichtung*) que convoca al vacío o plenitud del ser.

Barthes, por su parte, en su análisis de los signos japoneses, señala que se trata de una revolución de los sistemas simbólicos: «¿Cómo podemos imaginar un acto del conocimiento sin sujeto cognoscente ni objeto conocido?». (2009, p. 13) Sin embargo, nos regresa al problema metafísico de la representación conceptual, porque, de acuerdo con Heidegger, la revolución estaría en esa otra dimensión del decir, en los propios signos, en la escritura, en lo no dicho en lo dicho, mas no en la representación conceptual que se ubica en el mundo del ente, en la lógica y no en la dimensión ontológica del ser.

Octavio Paz, cuestionando a Barthes, señala que no se trata del imperio de los signos, sino de las formas, formas que no son simétricas ni las rige la geometría. Afirma que eso no es el reino incorruptible de las ideas y las proporciones, de lo cuantitativo, sino la espontaneidad y la irregularidad de la naturaleza. Nos maravillan sus objetos de uso diario por sus: «[…] formas simples y refinadas tanto como por su lealtad a las materias de que están hechos. La piedra es la piedra, la madera es la madera, barro el barro y seda la seda». (Paz, citado por Asiain, 2014, p. 265)

Heidegger, al hablar de los gestos o guiños antes referidos, dice que hacer una seña (*Wink*), es el rasgo fundamental de la palabra, que los guiños son como invocaciones que vienen desde el silencio, que quizás el gesto es la experiencia verdadera de lo que está por decirse, es el recogimiento de un «portar» de eso que se «porta» primero hacia nosotros. El vacío es lo mismo que la nada, es decir, es el puro despliegue que intentamos pensar como lo otro en relación a todo lo que viene en presencia y a todo lo que se ausenta.

Lenguaje y poesía

¿Cómo sería vivir poéticamente? Heidegger nos dice que sería estar en el encuadre de las relaciones originarias de las regiones (*Geviert*) tierra y cielo, mortales y divinos; para ello es necesario el sonido del silencio, estar en el claro (*Lichtung*), pensar la esencia de la verdad como lo claro o la presencia de lo que se da gratuitamente, con el fin de que acontezca lo ontológicamente fundante del lenguaje poético que es lo no dicho en lo dicho, como sucede en el diálogo con el filósofo japonés. Heidegger muestra lo no dicho, lo inasible mediante los mecanismos de la racionalidad y deja ver la dimensión a-teorética del lenguaje, del decir que dice, del vacío del aparecer, del misterio y lo sagrado, de lo que contradictoriamente se nombra sin nombre, y al tiempo se vive, se tiene la experiencia de un habla y una armonía distinta. ¿Será posible, como interroga Heidegger, que el camino al habla en tanto que habla es el más lejano que pueda pensarse?

El Diálogo entre un japonés y un inquiridor muestra la dimensión de la palabra poética donde lo que acontece es la poesía como fundación en palabra del ser. El habla japonesa a través del teatro Nôh se mantiene en esa fundación en la palabra del ser, es ausencia y presencia, vacío y plenitud, reflexión y contemplación, ofrece el espacio de lo sagrado y todos los signos derivan de un mostrar y no de un demostrar, de una presencia de lo invisible, de instantes que revelan lo sagrado, un tiempo sin principio ni fin que se manifiesta vivencialmente. Es el origen del esenciarse del ser, su «acontecimiento apropiador»:

> Viene a ser una resonancia silenciosa que nos hace oír algo de
> lo que el habla tiene de propio [...] Decir y ser, palabra y cosa,

se pertenecen mutuamente la una a la otra de una manera velada aún, escasamente meditada e imposible de abarcar por ningún pensamiento. (Heidegger, 1990, pp. 213 y 219)

Lo cual lleva a pensar en una escucha de la presencia de lo invisible, esos instantes que revelan lo sagrado, esa presencia, ese tiempo sin principio ni fin, «una manera velada aún y escasamente meditada e imposible de abarcar por ningún pensamiento». Un acercamiento a ello pudiera ser el poema *Blanco* de Octavio Paz (1972), quien ilustra este pasaje, y también nos remite, sin mencionarlos, a los espacios vacíos del teatro Nôh, a las señas, a lo imperceptible. Paz nos advierte que su poema debe leerse como una sucesión de signos sobre una página única, un espacio en el cual su movimiento deja aparecer el texto y en cierto modo lo produce. Es un poema cuyo tema es el tránsito de la palabra y del silencio al silencio (de lo «en blanco» a lo blanco, al blanco), pasando por cuatro estados: amarillo, rojo, verde y azul. Los versos crean silencios y el silencio para Paz aclara el sentido de las palabras. Recordemos el poema:

> el comienzo
>   el cimiento
>   la simiente
>   latente
> la palabra en la punta de la lengua
> inaudita   inaudible
>   [...]
> Paramera abrasada
> Del amarillo al encarnado
> La tierra es un lenguaje calcinado
>   [...]
> Del amarillo al rojo al verde,
> Peregrinación hacia las claridades,
> La palabra se asoma a remolinos
> Azules.

[...]
Boca de verdades,
Claridad que se anula en una sílaba
Diáfana como el silencio:
No pienso, veo
                    —No lo que pienso,
La cara en blanco del olvido,
El resplandor de lo vacío.
Pierdo mi sombra,
                    Avanzo
Entre los bosques impalpables. [...]

El poeta inicia nombrando el silencio antes de la palabra y termina con el silencio, la puerta de salida corresponde al espacio en blanco en el que se han fundido todos los colores y se enfrenta al vacío. Paz habla de la palabra antes de ser dicha, de la palabra en blanco, de la presencia de la nada y el olvido, de la simultaneidad de apariciones y desapariciones, retoma elementos contradictorios y al mismo tiempo semejantes: idénticos y diferentes, la extensión y la intensidad, los sucesos en el aquí y el ahí, lo continuo y discontinuo al mismo tiempo.

Escuchamos el habla de «peregrinación hacia las claridades», será el claro (*Lichtung*) donde se muestra el ser y se invocan las cosas a la presencia. La palabra se asoma, dice Paz, no pienso, veo la cara blanca del olvido, el resplandor del vacío, pierdo mi sombra, avanzo. Sale de la oscuridad al perder su sombra, no piensa, sólo ve y es como avanza entre los bosques impalpables.

El poema *Blanco* nos presenta similitudes entre ciertas formas occidentales y las formas orientales del espacio vacío; sin embargo, no deja de persistir esa visión de la conciencia creadora que desea explicar, por medio de la palabra, el movimiento, el espacio y la vida, intentando fundirlos a la presencia del absoluto al estilo de los místicos, siendo el blanco el olvido, la nada. Una mezcla entre lo conceptual y lo vivencial. Este poema fue escrito por Octavio Paz durante su estancia en Nueva Delhi, India, entre el 23 de julio y el 25 de septiembre de 1966. Tal vez esto explique las influencias orientales –en especial budistas y taoístas– que se vislumbran a través del poema.

La filosofía budista de India es la filosofía de lo encubierto, de lo informe y del silencio. Los budistas zen buscan la morada en la que todo reposa, tienen el ser por morada, el ser por fundamento (Brahma). Así nos dice Paz en su poema *Blanco:*

> la palabra en la punta de la lengua
> inaudita   inaudible
>   [...]
> Peregrinación hacia las claridades,
>   [...]
> Claridad que se anula en una sílaba
> Diáfana como el silencio:
>   [...]
> El resplandor de lo vacío.
> Pierdo mi sombra (1972)

El poeta canta a un mundo trágicamente inaccesible, inaudible, pero posible a través de la palabra que al mismo tiempo es silencio diáfano y debe peregrinar hacia el claro como resplandor de lo vacío. Hay una relación con la nada, con lo vacío que nos recuerda el claro (*Lichtung*) donde el ser se muestra; tal pareciera que Paz emprende el camino de «peregrinar hacia el claro», de peregrinar hacia la luz, atento al pensar esencial.

En otra perspectiva, habría que considerar al zen como una tradición budista donde se manifiesta la intuición, la naturalidad y la espontaneidad por antonomasia. Manifestación que influye en el alma japonesa, en distintos estratos de su sociedad y su cultura, y en sus artes tradicionales: poesía, artesanía, teatro, música, arquitectura, jardinería y gastronomía. Es una forma de alcanzar la «iluminación sin palabras». (Martín Morillas, 2012, pp. 20-21)

El zen se inspira en la mentalidad china y en la su mística sobrenatural y pretende «infundir lo eterno en lo temporal»; no busca un abandono exclusivo hacia la contemplación mística sino captar el «milagro del ser en sí mismo, entender que cada manifestación de la naturaleza lo es del infinito». (Martín Morillas, 2012, pp. 25-26)

El zen propone el descenso desde la meditación silenciosa a las actividades temporales, así mismo permite disfrutar de la belleza del mundo. La espiritualidad y la cultura zen se muestran en el silencio, al cual se considera como respuesta ante el carácter inefable del misterio y el vacío. Para el zen el silencio es el lenguaje del ser.

Posiciones que nos remiten a Heidegger acerca del silencio como lenguaje del ser, porque sin silencio no hay lenguaje y tampoco se da la iluminación del claro (*Lichtung*) que señala el pensador alemán. El budismo zen habla de iluminación y el mencionado descenso desde la meditación silenciosa a las actividades temporales que podríamos relacionar con el estar ahí, arrojados o yectos en el mundo y con los otros, pues somos con los otros.

El habla en tanto que decir (*Sagen*)

Respecto al habla, escribe Heidegger en su ensayo «La esencia del habla», que el decir es lo «encaminante de la cuaternidad del mundo»; realiza el en-frente-mutuo silenciosamente, invoca al recogimiento a través del son del silencio que, de acuerdo con su propuesta, es el habla del silencio y es el temporalizar y espacializar lo que va en-caminando el juego del mundo: tierra y cielo, dioses y mortales.

> El habla, en tanto que decir que pone-en-camino-el-mundo, es la relación de todas las relaciones. El habla entretiene, sostiene, lleva y enriquece el en-frente-mutuo de una y otra de las cuatro regiones del mundo, las tiene y las custodia mientras él —el decir— se retiene a sí. (Heidegger, 1990, p. 193)

La esencia del decir (*Sagen*) es la que llevará al pensamiento por el camino fuera de la representación metafísica, donde debemos estar atentos a las señas del mensaje. El decir del habla, «lo que el decir dice y lo que está por decir» se alcanza mediante el diálogo con la esencia del decir en un «constante venir», el cual tendría más silencio que conversación: «silencio sobre el silencio». Nos encontramos ante la interpelación del ser a través de la esencia del habla donde sólo el silencio permitirá escuchar el mensaje, por eso es «silencio sobre silencio» en el sentido de condición única para escuchar el mensaje. Un «silencio elocuente», dirá el filósofo:

> El recolectar que abriga el ente como tal es ya aquella relación en que el hombre percibe en silencio y callando el ser del ente, el ente en su ser, el ente como tal. Este callar corresponde a la palabra originaria en su encuentro con el ser, es como la primera palabra que se muestra en el decir y se pronuncia en el lenguaje. El silenciamiento esencia como recolectarse originario de la esencia del hombre en el ser y viceversa. [...] Todo comportamiento del hombre frente al ente e incluso toda relación con los otros hombres y con los dioses, reposa en el comportar del silencio. (Heidegger, 2012, p. 407)

Nada podría ser fortuito en el dejar aparecer, en el modo de «señar», pues cualquier cosa es reveladora. Heidegger reconoce el habla japonesa por su falta de sustancialismo, por su manejo de señas y guiños que muestran aquello que deviene revelador a través de una gran sutileza, pues sólo indica caminos que llevan a hacer una experiencia con el habla. No se trata de demostrar nada sino de vivenciar, de comprender el espacio vacío dentro del recipiente, vivenciar el darse del ser; de ahí lo elocuente del silencio.

Hacer una experiencia con algo significa que algo nos acaece, nos alcanza y se apodera de nosotros. La experiencia del decir es una respuesta a la palabra del ser, es el acaecer ante las señas y el escuchar del silencio. El lenguaje para Heidegger, en su obra tardía, acontece por el decir, y éste es una respuesta a la interpelación del ser, acontece como pensamiento y canto; el decir es un mostrar donde el canto también es poesía y advenimiento de los dioses. El silencio aparece ahí como posibilidad de la palabra, es presencia y también dice algo pues sin silencio no hay lenguaje.

El decir poético se dirige hacia lo indecible, se trata del decir siendo dicho en su imposibilidad de ser dicho, se poetiza respecto a lo no dicho: «El no decir involucra el misterio como son los guiños, las señas, un espacio que dicen cosas, el silencio como el agujero infinito». (Ulrich, 2013)

Por lo tanto, el decir y lo no dicho en el decir están emparentados con la esencia del habla: «Así nuestro hablar es repetir lo dicho por el habla [...] De este modo, cuando hablamos del habla, permanecemos continuamente enredados en un hablar inadecuado. Este enredo nos cierra el paso a lo que debería darse a conocer al pensamiento». (Heidegger, 1990, p. 160)

Heidegger nos habla de un decir confiador (*Zusage*), esto es, de una experiencia poética del pensamiento que nos dice lo que el pensamiento tiene por pensar. Es lo característico de la escucha, es lo dado por el decir confiador en tanto que decir (*Sagen*). Se infiere que es una experiencia pensante con el habla, porque el pensamiento es un dejarse decir y no una pregunta, es un confiarse del habla hacia nosotros; declarar su esencia es un acercarse en proximidad con la poesía, esto es, establecerse en la cercanía, habitar frente a frente, prestar atención. Prestar atención de manera que la esencia del habla se nos manifieste en lo hablado (*Spruch*). El no decir implica el pensar poético: «La única manera es emprender el camino del pensamiento, la experiencia pensante con el habla requiere de la vecindad con la poesía, lo cual equivale a habitar en la proximidad porque poesía y pensamiento son modos del decir». (Heidegger, 1990, p. 160)

El ser no adviene sino por la palabra, por el nombrar, porque la palabra es la que lleva la cosa en tanto que ente al «es». Como bien dice el poeta Stefan George: «ninguna cosa sea donde falta la palabra». (George, citado por Heidegger, 1990) De la misma manera, indica el Evangelio de Juan que al principio era la palabra y el Génesis dice que por la palabra Dios hizo surgir el mundo fuera de las tinieblas. Así mismo, que en el principio era el logos (λόγος). En la cultura mesoamericana el calendario azteca representa al Quinto sol –o Sol de movimiento– como un círculo espacializado y temporalizado donde los rumbos cardinales o espacios del cuadrante se mueven en un tiempo circular, incluyendo en el centro al hombre con la voluta, esto es con la palabra como origen, el hombre como lenguaje. A través de tales signos se interpreta esta cultura como apertura hacia el estar en el mundo siempre en relación con los otros, con el universo y el lenguaje:

En el decir mismo tenía lugar la aproximación del Dios. El decir era en sí un dejar aparecer de aquello que entreveían los dicientes, pues ellos mismos habían sido contemplados con anterioridad por la mirada de eso entrevisto. Esta mirada conducía a los dicientes y a los oyentes a la infinita intimidad de la contienda entre los hombres y los dioses. (Heidegger, 1990, p. 197)

La proximidad de pensamiento y poesía se da en este decir como el advenimiento apropiador. Siempre hemos pensado que la palabra y el habla nos pertenece como una creación de los hombres; pero se trata más bien de una ofrenda, algo que se da en donación (*das gibt*). La palabra es donante sin estar jamás dada. Sin embargo, estamos formados en la cultura occidental y de acuerdo a ella somos sujetos constructores de la realidad a través de conceptos y representaciones, preparados para manipular la naturaleza en lugar de permitir que la naturaleza se revele, se muestre tal como es y dejar ser a las cosas lo que son. Para lograrlo debemos estar atentos a la escucha de lo que acontece, teniendo el silencio como fuente de la escucha y del habla... y permanecer en el recogimiento:

Decir significa: mostrar, dejar aparecer; ofrecimiento de mundo en un claro (*Lichtung*) que al mismo tiempo es ocultación, ambos unidos como libre donación. Ahora, la proximidad se revela como la puesta-en-camino del en-frente-mutuo de las unas y de las otras de las regiones del mundo. (Heidegger, 1990, p. 192)

Por ello el habla no es tan sólo una capacidad del ser humano, su esencia pertenece a la puesta en camino de las cuatro regiones del mundo (*Geviert*): tierra, cielo, hombres y dioses.

Lo en-caminante de la cuaternidad del mundo es este decir o puesta en camino pues todo se une a la proximidad del en-frente-mutuo y esto sin ruido, en silencio, tal como el tiempo y el espacio realizan la temporalización y espacialidad. Este encaminar silencioso invoca al recogimiento según el cual el Decir es el que en-camina la relación del mundo y se vuelve el son del silencio. Es el habla de la esencia.

Aquí es donde la modernidad y la razón de Occidente muestran su posición al proponer el pensar desde un sujeto constituyente que modifica, construye y se declara fundador del mundo y de las cosas, dominador y manipulador de la naturaleza, un pensamiento calculador vinculado al «yo pienso» cartesiano y a la cuantificación de la realidad que ha devenido en la técnica y depredación del mundo, que se olvida de habitar poéticamente la tierra, de permitir a las cosas mostrarse sin nombrarlas. Dos paradigmas opuestos que apuntan hacia distintas experiencias en el vivir ante la pregunta por la verdad y el sentido del ser por el ente que conduce a la verdad como certeza y no como *alétheia* (ἀλήθεια).

François Jullien (1995), en *Le détour et l'accés*, nos habla de las estrategias de sentido en China y en Grecia, tomando entre sus estudios: *La Chronique des printemps et automnes, Chun Qiu.* donde se consignan, con un fin político y religioso, una serie de acontecimientos de las dinastías chinas que se suceden durante la antigüedad, para señalar encuentros con príncipes, expediciones militares, inundaciones, incendios, registros en los cuales se indica el año, la estación y el lugar. La muerte de un soberano se marcará con un tono neutro lo mismo que la aparición de un eclipse: se muestra sin establecer ningún juicio respecto al evento, simplemente se relata. Es el carácter presentativo de todo lenguaje expresado en el habla.

> Los antiguos maestros chinos muestran cómo en la simple mención del evento siempre habrá una opinión que se envía y deja saber el punto de vista adoptado, a través de lo no dicho, al enseñar que no hay una denotación libre de la apreciación. El hecho de mencionar algo y dejar pasar otro acontecimiento ya significa que hay una intención de lo que se consideró importante mostrar. Lo mismo que una exclamación ambigua o un silencio en un poema puede ser suficiente para insinuar una crítica. (Jullien, 1995,[3] p. 88)

En el habla, lo dicho y lo no dicho hablan a la par aunque de manera distinta. Así, los conceptos de Jullien guardan estrecha consonancia con lo afirmado por Heidegger:

> El hablar en tanto que decir pertenece al trazo abriente del despliegue del habla que está atravesado por modos del decir y de lo dicho, donde lo presente y lo ausente se dice, se confía o se rehúsa: se muestra o se ausenta. (Heidegger, 1990, p. 229)

Para Heidegger el ocultamiento del ser se expresa en el decir, pues el ser tiene la posibilidad de lo no-dicho y lo indecible, ahí es donde el silencio muestra la manera en la cual el ser se revela en el decir. Para este filósofo los hombres hablan en la medida en que son capaces de escuchar y viven atentos a la invocación del mandato del silencio, de la diferencia, y lo hacen correspondiendo de forma múltiple; así habitan y aprenden a morar en el hablar

---

3 Traducción de la autora.

del habla: «El dicho del pensar reposaría, sosegado, en su esencia apenas llegase a hacerse incapaz de decir aquello que ha de permanecer inexpresado». (2005d, p. 31)

De 1921 a 1930, y desde la aparición de *Ser y tiempo*, Heidegger maneja el callar del «ser ahí» (*Dasein*) sobre sí mismo en el aislamiento, es decir como una cierta imposibilidad del decir, del callar como modalidad del habla.

> El callar de este ente es un callar elocuente, un callar expresivo que dice o da a entender sin discurso alguno. Ello sería coherente con la caracterización heideggeriana del habla en correspondencia con el logos griego como un hacer presente, pues el silencio también se muestra sin necesidad de hacer uso de la palabra. (Martínez Matías, 2008, p. 133)

Al plantear la relación del lenguaje con el ser y la poesía no podemos sino referir la dimensión esencial del lenguaje como casa de la verdad del ser. Es el lenguaje quien posee al hombre; viene a nosotros a manera de don y se ofrenda. Sólo así, dice Heidegger, la palabra recobra el valor de su esencia y el hombre su morada que habita. Es por esta llamada del ser como el hombre encuentra el habitar de su esencia y es ahí donde se ofrece el lenguaje que es la manifestación del ser. Al habitarla el hombre ex-siste (del latín *exsistere*: emerger) y su pensar se vuelve histórico, acontece.

Heidegger considera que el lenguaje es donde el mundo se anuncia y su modo privilegiado de articulación es la poesía, aunque todavía no se muestra como historia del ser ni reconoce la esencialidad de lo histórico en el ser. Por ello el lenguaje no puede interpretarse sólo a través de la gramática y de la lógica, lo cual implica abandonar el ser como sustento del pensar; su función va más allá y obliga a liberarnos de la mera apreciación técnica del pensar.

La existencia es siempre en el ahí, esto es, en el mundo, significa ser-en-el-mundo; no se trata de una relación sujeto objeto, como ya lo hemos dicho, sino de comprender su modo existencial, las cosas se encuentran ya interpretadas y precomprendidas antes de ninguna reflexión, esto es que venimos a un mundo preconcebido.

Para Heidegger el dominio de la subjetividad por la metafísica moderna provoca una amenaza contra la esencia del hombre; por eso antes de hablar debe dejarse interpelar por el ser para que la palabra recobre su esencia y el hombre tenga la posibilidad de tener una morada donde habite el ser y su verdad.

Heidegger invoca el hablar del habla, su esencia, y revela la proximidad entre el pensar y la poesía a través de la obra de Friedrich Hölderlin, un poeta que piensa la poesía y es interpelado por lo permanente. El poeta de lo sagrado en ausencia de los dioses y de nuestro tiempo de penuria, el poeta que percibió que los dioses ya no habitaban la morada del hombre y que se había perdido lo sagrado que vincula con lo divino, en términos históricos, epocales y no religiosos.

Lenguaje y ser

Heidegger señala que la esencia del lenguaje se revela a la luz del ser, pues el lenguaje da presencia a las cosas y sin él no habría entes ni presencia de su ser, ni se podría apreciar el mundo. El lenguaje se despliega como una lengua específica, como invitación a lo propio y extraño, es el lugar de la diferencia, donde se resguarda lo propio, abierto al mundo. La esencia del lenguaje reside en su acontecer, en ese desplegarse o manifestarse de los entes. El lenguaje es solamente lenguaje, se trata de un acontecer sin sujeto: la esencia es el acontecimiento del lenguaje y su desplegar, su dejar aparecer. (Rocha de la Torre, 2012, p. 143)

A través de la poesía es como Heidegger invoca cosa-mundo, mundo-cosa, es una llamada originaria donde se despliega el hablar del habla, la esencia del hablar, una invocación que nombra, que encomienda el venir de las cosas y del mundo desde la simplicidad de la diferencia. Se dice que invoca al mandato

(*Geheiss*) de la diferencia y es la que lleva la cosa en tanto cosa al mundo y en este doble apaciguamiento de la diferencia adviene el silencio, porque es esta diferencia la que invoca:

> Apacigua dejando reposar las cosas en el favor del mundo. Y apacigua dejando que el mundo tenga su suficiencia en la cosa. En el doble apaciguamiento de la diferencia adviene el silencio (*Stille*). (Heidegger, 1990, p. 28)

Poetas y pensadores son para Heidegger mensajeros entre los dioses y los hombres y eso muestra la proximidad entre el pensamiento y la poesía en su poetizar; sin embargo, no se puede pensar esta relación mientras no sepamos qué significa pensar y qué poetizar. Para ello hay que reflexionar sobre cómo los griegos al pensar experimentaban su poesía, la hacían presente:

> Lo dicho con vena poética y lo dicho en tono pensante nunca son lo mismo, pero a veces son lo mismo, a saber, cuando se abre pura y decisivamente el abismo entre poetizar y pensar. Esto puede suceder cuando el poetizar es profundo. (Heidegger, 2008b, p. 25)

Para el filósofo de Messkirch cuando se pensaba en lo profundo y se poetizaba elevadamente se daba la unión de la belleza como dádiva de la verdad, entendiendo como verdad lo que se muestra en lo que se oculta, por ello el poeta también está comprometido con la pregunta sobre la existencia. Como antes indicamos, cuando en la Grecia clásica se quería decir «verdad» se utilizaba el vocablo *alétheia* (ἀλήθεια) que Heidegger traduce al alemán como *Verborgenheit-Unverborgenheit*, desocultación-ocultante, develación veladora: «la verdad se muestra ocultándose». Sólo el poetizar puede portarla: «La verdad como alumbramiento y ocultación del ente acontece al poetizarse». (Tamayo, 2001, p.72)

Heidegger ha escogido como poeta a Hölderlin porque es interpelado por lo permanente, porque es el poeta que poetiza la esencia de la poesía en su decir y a quien se le han confiado los mensajes que ha de transmitir a los hombres y a su pueblo. Además, Hölderlin es el poeta de lo sagrado en ausencia de los dioses, es el poeta de la poesía, el poeta que dio cuenta de la huida de los dioses y de nuestros tiempos de penuria, quien percibió que ellos ya no habitaban la morada del hombre y lo oculto en el ocultarse. Por ello Heidegger señaló que habría que esperar, preparar la llegada del último dios que sería el único que podría salvarnos; sin embargo, habría que soportar la penuria de la ausencia de los dioses y también pensar cómo vendrían si no estaba la morada preparada para recibirlos. El filósofo se refería a la manifestación histórica de la divinidad, a una visión de lo divino en términos históricos y no religiosos.

¿Qué significa ese último dios y por qué será el único que salvará al mundo? Para ello hay que volver a Hölderlin, un poeta de los tiempos de penuria, el poeta que percibió la oscuridad del mundo, pues los dioses habían huido y con ellos lo sagrado que nos vinculaba a lo divino. En nuestro tiempo ya no tenemos un lugar para los dioses y esta ausencia de lo sagrado lleva a la penuria de los tiempos. Heidegger explicará esta huida de los dioses y ausencia de lo sagrado como consecuencia de la afirmación del ente y el olvido del ser, todo lo cual lleva a la instauración de la técnica como la época por venir, el peligro de la dominación de la historia por el ente y el imperio del hombre y la metafísica sobre la tierra.

Los instrumentos técnicos de información estimulan y agitan al hombre, todo esto es más cercano que el campo en torno al caserío y más próximo que el cielo sobre la tierra: «[...] más próximo al paso, del día a la noche; más próximo que la usanza y las costumbres del pueblo; más próximo que la tradición del mundo en que ha nacido». (Heidegger, 1989, p. 21)

En nuestros días, los hechos muestran el dominio manipulador de los hombres, donde lo sagrado y el misterio, han dejado de estar presentes. Los dioses no necesitan a los hombres, el desierto crece. Dice Heidegger que es el ser epocal bajo el cual nos ha tocado nacer, es nuestra era donde se ha hecho presente el nihilismo. En estos tiempos el mundo es un objeto del pensamiento calculador, el poder lo tiene la técnica; la era atómica está provocando una transformación del mundo tal que ya hemos olvidado reflexionar y hemos perdido la capacidad de apreciar las cosas en su mostrarse, tal y como hacían los pensadores iniciales.

> Somos el pueblo que no ve señales, el pueblo que se aferra a su voluntad para guiar la historia, y de este modo estamos condenados a no poder escapar de la época tecnocrática. Aunque quizás, y esta es la rendija que encuentra abierta Heidegger, cuanto más peligrosa se nos haga dicha época, más factible será que volvamos a otear las señales que posibiliten el cambio. (Rojas Jiménez, 2009, p. 243)

Hölderlin es también el poeta del inicio de nuestra historia futura: el que anuncia el tiempo de los dioses huidos, también es quien inicia la reflexión de la historia del ser en Grecia y de la distancia que nos separa de ese mundo, al tiempo que prepara el tránsito hacia el otro.

El decir de un poeta permanece en lo no dicho, en ese poema único que es desde donde se habla y se establece un diálogo entre la poesía y el pensamiento, y en ese diálogo, en ese evocar la esencia del habla, es donde los hombres pueden aprender de nuevo a habitar en el habla y vivir de otra manera en la tierra:

> [...] el lenguaje poético es el lugar de aparición de un indecible cuyo salir a la luz requiere, paradójicamente, de ese mismo decir. Por ello la tarea del poetizar estriba *en decir el ser*, aun cuando ese decir se traduzca, en contraste de ese quehacer filosófico, en un nombrar lo sagrado. [...] el decir poético asumirá ahora la tarea de poner de manifiesto aquello que se oculta en su mismo ocultarse, esto es, de exponer en su lenguaje su propia indecibilidad. (Martínez Matías, 2008, p. 143)

Para aprender este habitar en el habla, el evocar lo que se oculta y se muestra, el ser que se esencia en el ente, debemos comprender que Heidegger se ubica en otra dimensión del pensar donde no opera la lógica racional ni las estructuras tradicionales de la metafísica estudiadas durante siglos; estamos ante el planteamiento de un nuevo paradigma, una nueva inversión copernicana, como dijo Kant en su momento, al señalar el cambio en la relación sujeto-objeto y situarla en el sujeto cognoscente, gracias a sus percepciones-intuiciones de espacio-tiempo y en el entendimiento con sus categorías o conceptos. Pero en el caso de Heidegger se trata del sentido y la verdad del ser, de su revelarse y ocultarse simultáneamente, del habla que habla, del acontecer del ser que se da en el ente y otorga presencia a las cosas. Los humanos no somos hacedores de la realidad pues el habla habla y el lenguaje se desplaza, acontece, somos nosotros quienes debemos estar atentos a la experiencia de su acontecer:

El silencio apacigua llevando a término mundo y cosa en su esencia. Llevar a término mundo y cosa en el modo del apaciguamiento es el advenimiento apropiador de la diferencia. El habla –el son del silencio– es en cuanto que se da propiamente la diferencia. El habla se despliega como el advenimiento de la diferencia para mundo y cosa. (Heidegger, 1990, p. 28)

La poesía como invocación de la palabra

Lo hablado puro va a ser para Heidegger el poema, pero no cualquier poema; para revisarlo propone el titulado «Una tarde de invierno» de Georg Trakl, donde se resalta la belleza de las imágenes al describir cómo cae la nieve en la ventana y, dentro de la casa, la mesa preparada con el pan y el vino que invita al caminante a entrar en silencio a la morada donde luce pura luz y dorada florece la savia de la gracia, donde el objetivo no es simplemente representar una tarde de invierno; se trata de una representación del habla como expresión de los estados de ánimo, de buscar el hablar del habla en dicho poema: «pensar el habla a partir de sí misma». (1990, p. 18). Recordemos el poema completo tal y como aparece en el texto de Heidegger (p. 15):

Una tarde de invierno
cuando cae la nieve en la ventana,
largamente la campana de la tarde resuena,
para muchos es preparada la mesa
y está bien provista la casa.
En el caminar algunos
llegan al portal por senderos oscuros.
Dorado florece el árbol de la gracia
de la savia fresca de la tierra.
Entra caminante en silencio;
dolor petrifico el umbral.
Y luce en pura luz
en la mesa pan y vino.

Basado en este poema de Trakl, Heidegger muestra que el nombrar no emplea palabras, que el nombrar invoca y al hacerlo nos pone en presencia de lo invocado, lo llama a la presencia, es una presencia invocada, es el límite de lo sagrado. El filósofo alemán piensa que a través de la poesía adviene la palabra y hace visible el mundo: «Los versos traen la mesa preparada y la casa bien provista a aquella presencia que está siendo sostenida hacia la ausencia» (*dem Abwesen zu-gehaltene Anwesen*). (1990, p. 19)

El poeta, cuanto más profundiza en la poesía, más se une a su pensamiento. Cuando Trakl invoca la llegada de una visita inesperada en el anochecer, permite experimentar, aunque sea de manera imperfecta, el acontecer del propio *Sein*, descubrir su estar en el mundo como existencia. Y al respecto añade Steiner: «Heidegger entra en diálogo con el poeta y lo sigue en su silenciosa peregrinación, enfrentándose a las devoradoras tempestades del *Geist*». (2012, p. 217)

Esta invocación del poeta permite mostrar la pertenencia entre cielo y tierra, mortales y divinos, ese morar en la cuaternidad que al nombrar invoca a su ser; se llama a la presencia y de pronto nos encontramos inmersos en ese nombrar al mundo, que a su vez permite hacer presente la intimidad entre mundo y cosa, que, si bien permanecen distintos, su intimidad reside en la diferencia:

> La diferencia es la dimensión en cuanto que mesura el mundo y cosa llevándolos a lo que le es propio solamente. Su mesurar abre la separación entre mundo y cosa, donde pueden ser el uno para el otro. [...] En la encomendación que llama las cosas y el mundo, lo verdaderamente nombrado es: la diferencia. (Heidegger, 1990, p. 23)

Uno de los poemas de Stefan George, cuyo título es «La palabra» y fue publicado en 1919 –después incorporado en el volumen de poesía titulado *El nuevo reino*– indica: «ninguna cosa sea donde falta la palabra»; aquí el poeta comprende que la palabra posee una relación esencial con el ser, que la palabra le es confiada como un bien. Heidegger señala que cuando se encuentra la palabra adecuada para la cosa, ésta deviene una cosa y de esa manera es, se hace presente. Con ello enfatiza que es la palabra quien le confiere ser a la cosa, es quien nos pone ante la cosa, la llama e invoca a la presencia. Sin la palabra: «[...] el mundo se hundiría en la oscuridad incluyendo al "yo" que lleva al borde de su país, hasta la fuente de los nombres y todo lo que encuentra como prodigio o sueño». (1990, p. 158)

Lo que el filósofo pretende es llevarnos a la experiencia del habla originaria, emprender el camino, estar-en-camino. Realizar una experiencia poética del pensamiento y el habla, llegar hasta la vecindad con la poesía. Tanto el pensamiento como la poesía se mueven en el elemento del decir y deben sus múltiples experiencias al habla.

Ésta adviene como palabra plena, verdadera, se muestra desde la cosa misma, es la cosa misma la que se revela. Se muestra y existe por tanto como otra posibilidad de ser y habitar el mundo.

Es a través de la palabra como el ser se muestra y puede aparecer como ente y dejar a la cosa ser como cosa. El lenguaje no es sólo para comunicar sino que logra conducir al ente a lo abierto en tanto ente, como lo muestra el poema de Stefan George.

Por ello dirá Heidegger:

> Todo lenguaje es el acontecimiento de este decir en el que a un pueblo se le abre históricamente su mundo y la tierra queda preservada como esa que se queda cerrada. El decir que proyecta es aquel que al preparar lo que se puede decir trae al mismo tiempo al mundo lo indecible en cuanto tal. (Heidegger, 2010, p. 53)

El lenguaje es lenguaje siendo lenguaje, esta propuesta implica hacer a un lado todas las búsquedas de la esencia o de los fundamentos como lo hace la tradición lingüística y metafísica del pensamiento. El filósofo señala que el lenguaje es lenguaje, acontece y se despliega.

El hombre no puede serlo sino a partir del lenguaje, el hombre habla, dicen los griegos (ζῷον λόγον ἔχον: el ser vivo que tiene palabra). El lenguaje habla, dice Heidegger. El hombre deviene hablante gracias al lenguaje y a su escucha; hablamos a partir de él, le pertenecemos. Se trata de hacer una experiencia con el lenguaje, que venga a nosotros, recibirlo, para que nos transforme.

El lenguaje permite al hombre situarse en la apertura de lo ente. Sólo donde hay lenguaje hay mundo y sólo ahí hay historia. El lenguaje permite al hombre ser hombre, ser histórico:

> Somos un habla desde el tiempo en que «el tiempo es». Desde que el tiempo ha surgido, desde que ha sido fijado, desde entonces, somos históricos […] Desde que somos habla el hombre ha experimentado muchas cosas y ha nombrado a muchos dioses.

Desde que el lenguaje acontece auténticamente como habla, los dioses llegan a la palabra y aparece un mundo. (Heidegger, 2005c, pp. 43-44)

Hablar el lenguaje tiene un sentido distinto de utilizarlo, sobre todo porque al pensar y poetizar se dicen las palabras y estamos obligados a atender ese decir de la palabra. Las palabras necesitan renovarse, para ello se requiere desprendernos de lo cotidiano e ir más allá y lo más probable es que regresemos de nuevo a la misma fuente, donde las palabras deben volver a excavarse. El lenguaje tiene al hombre, somos diálogo, somos interpelados y llevados a él, somos en el lenguaje y como diálogo acontece el *Dasein* histórico. El decir poético mostrará lo que se oculta en su mismo ocultarse al tiempo que expone su propia indecibilidad.

Hölderlin y la esencia de la poesía

Para Heidegger hay que comprender la esencia de la poesía desde la esencia del lenguaje. «Poesía es fundación mediante la palabra en la palabra del ser, venir el ser a la palabra pues las cosas sólo llegan a ser y son en la palabra, es la poesía originaria en la que un pueblo poetiza», por ello Hölderlin es el poeta de la poesía, porque lo que permanece lo fundan los poetas y su misión consiste en atrapar los signos de los dioses, en dejar que los dioses nos lleven al lenguaje para así señalárselo al pueblo:

> [...] vuela el osado espíritu, como el águila
> con las tormentas, al encuentro de sus
> dioses venideros, prediciéndolos.
> IV, 135 (Heidegger, 2005c, p. 51)

Para Heidegger, es Hölderlin quien funda la esencia de la poesía al mostrar un nuevo tiempo histórico: el tiempo de la huida de los dioses, la desaparición de lo sagrado, a diferencia de los griegos para quienes el mundo estaba «lleno de dioses». El mundo moderno reduce las cosas a meras representaciones, a objetos calculables y manipulables, a productos de intercambio, de mercancía; en nuestros días se acabaron las señas de lo divino, del asombro y el encantamiento. Todo ello como consecuencia del olvido del ser.

Para Hölderlin, el lenguaje es el más peligroso de los bienes que le ha sido dado a los hombres y al otorgársele se le ha conferido un poder semejante al de los dioses. Los dioses sólo pueden llegar a la palabra cuando ellos mismos empiezan por interpelarnos, a la manera del don y de la ofrenda. El poeta señala que el hombre habita poéticamente la tierra, lo cual significa «estar en la presencia de los dioses y ser alcanzado por la cercanía esencial de las cosas».

La poesía en Hölderlin es inaudible, no se escucha, aunque sería necesario que se escuche: «La filosofía es para hacer audible la palabra de Hölderlin». Para Heidegger la poesía es el lenguaje primitivo y originario de un pueblo histórico. Al respecto, Meister Eckhart decía que el lugar del poema es el aislamiento o bien la desolación, (*Verödung*).

Heidegger en sus *Aclaraciones a la poesía de Hölderlin* expresa: «El decir del poeta no es sólo fundación en el sentido de un ofrecimiento libre, sino también y en paralelo en el sentido de una firme fundamentación del existir humano sobre su fundamento». (2005c, p. 46)

Encontramos múltiples influencias de Hölderlin en la obra de Heidegger: una notable afinidad del pensamiento del filósofo con los escritos del poeta: el retorno a los griegos y a su cultura, en especial a los primeros filósofos esenciales que se preguntaron por el ser de las cosas, el amor por la naturaleza y la patria, el sentido del misterio, la poesía como diálogo, el poder oír unos a otros, el lenguaje como el más peligroso de todos los bienes, la percepción de la huida de los dioses y con ello el advenimiento de un tiempo de penuria para el mundo y los hombres:

Los tiempos no son sólo de penuria por el hecho de que haya muerto Dios, sino porque los mortales ni siquiera conocen bien su propia mortalidad ni están capacitados para ello. Los mortales todavía no son dueños de su esencia. La muerte se refugia en lo enigmático. (Heidegger, 2010, p. 203)

Dice el filósofo alemán que la poesía pensante de Hölderlin ha impuesto su sello sobre el ámbito del pensar poético y también filosófico. La relación de poesía y pensamiento se da en plenitud con los griegos porque fueron ellos quienes, pensando, experimentaban las obras de arte, hacían que aparecieran y adquirieran presencia en su aparecer. Los griegos prepararon el inicio del pensamiento occidental a través de la poesía. Hölderlin pregunta quiénes somos nosotros los hombres y responde: «sólo un signo a interpretar», enfatizando que el lenguaje es el más peligroso de los bienes que le han sido dados al hombre, porque representa la amenaza de desaparecer en el ser. Y al mismo tiempo dice Heidegger que el lenguaje es un bien pues es la garantía de que el hombre puede ser histórico y de que le permite situarse en medio de la apertura de lo ente.

Antes señalamos, citando al Heidegger lector de Hölderlin, que sólo donde hay habla, hay mundo, y sólo donde hay mundo, hay historia, porque los hombres se fundan en el lenguaje. Hölderlin dice «desde que somos habla», es decir, desde que somos tiempo, desde entonces existimos y somos históricos. La aparición del mundo y la presencia de los dioses son uno con el lenguaje, no son una consecuencia de él:

[...] la esencia de la poesía se inserta en esas leyes de las señales de los dioses y de la voz del pueblo que tratan de unirse o disociarse. El propio poeta se encuentra en medio de aquéllos –los dioses– y de éste -el pueblo. Es alguien que ha sido arrojado fuera, y afuera quiere decir a ese *entre* que se halla entre los dioses y los hombres. (Heidegger, 2005c, p. 51)

La poesía de Hölderlin anticipa un tiempo histórico, un tiempo de penuria e indigencia, es el tiempo de la huida de los dioses y del dios por venir: «¿Y para qué poetas en tiempos de penuria? Pero ellos son, me dices, como los sagrados sacerdotes del dios del vino que de tierra en tierra peregrinaban en la noche sagrada». (Heidegger, 2005c, p. 53)

Según George Steiner, para Heidegger, Hölderlin es el poeta más cercano a los orígenes y al horizonte del destino de los hombres, custodio de la lengua alemana y de la fusión entre poesía y filosofía. Pues la poesía es fundación en palabra del ser, se trata de la fundamentación del existir humano sobre su fundamento, lo cual no es un mérito sino un regalo. Hölderlin agrega en su poema «Amoroso azul florece» (v. 32 ss): «Lleno de mérito, más poéticamente, mora el hombre sobre la tierra». Heidegger dice que morar poéticamente en la tierra significa estar en presencia de los dioses y ser alcanzado por la cercanía esencial de las cosas (2005c, p. 47).

En la *Carta sobre el humanismo*, el filósofo alemán señala que el destino del mundo se anuncia en la poesía sin haberse revelado todavía como historia del ser. En su acercamiento a los orígenes, a ese primer comienzo, cuando los griegos se preguntaron por el ser, Heidegger cuestiona qué tanto estamos en condiciones de comprender a los griegos, de vivenciar su unión de verdad y belleza, pensamiento y poesía, esto es, del verdadero sentido de la verdad como *alétheia* (ἀλήθεια), del encuentro de lo extraordinario en lo ordinario, tal como lo hicieron los primeros pensadores griegos.

Este encuentro de lo extraordinario en lo ordinario, esta vivencia de los griegos de la unión de verdad y arte se muestra en sus templos. Ahí aparecían las señales de sus dioses y adquirían presencia; esos templos situados en lo alto de las colinas de la Grecia continental con vista al Mediterráneo, donde igual se llamaba al respeto como al dominio del territorio, que presentaban la perfecta armonía de los espacios: sus columnas de dimensiones majestuosas eran la conjunción de la belleza y el pensamiento. Desde lo alto interpelaban los dioses a los hombres:

> La estatua y el templo se hallan en diálogo silencioso con el hombre en lo desoculto. Si la palabra silenciosa no estuviera allí, entonces nunca podría aparecer el dios que mira como vista de la estatua y de los rasgos de sus figuras. Y un templo nunca podría presentarse a sí mismo como la casa del dios, sin hallarse en el dominio de desocultación de la palabra. (Heidegger, 2005a, p. 151)

Esta interpretación del filósofo alemán muestra los signos epocales de la historia, cómo es que el ser acontece y se muestra a través de la historia y sus signos. En la época de los griegos se trataba de un reconocimiento de lo sagrado donde los dioses estaban presentes y llamaban a los hombres, les daban sentido a sus acciones y a sus culturas, era una manifestación histórica de los pueblos. A diferencia de nuestros tiempos donde lo que se muestra son los signos epocales en los que la técnica opera como el sentido del mundo, como voluntad de dominio, mismo que llevará a un pensamiento calculador y a la destrucción del planeta.

En nuestra época no hay dioses que respondan a los orígenes, mismos que develen el misterio de la existencia y de la vida; todo es ciencia o técnica, explicación racional y representación mental, un mundo construido por los hombres fuera del claro (*Lichtung*), sin comprender las señales del ser y sin señas de que pueda aparecer un dios nuevo.

3

Ereignis y silencio

En este capítulo se aborda la pregunta por la verdad del ser y se reitera la posición de Heidegger, patente en toda su obra, respecto a la anulación de los paradigmas y el desmantelamiento de la metafísica, a lo que llamará «el nuevo comienzo», esto es, el pensar históricamente el ser. Ahí ya no se define al ser humano como «animal racional» sino como «evento apropiador» (*Ereignis*) que sólo puede darse desde el ser ahí (*Dasein*), lo cual implica la transformación de la esencia del hombre.

En el nuevo comienzo, el evento apropiador, como un esenciarse del ser, permite la apertura a una nueva visión que ya no es la del hombre presentada en *Ser y tiempo* o la del hombre que no posee su ser y construye su existencia a través de las posibilidades de su ser. En *Ser y tiempo*, el hombre es el poder ser entre las posibilidades que le ofrece el ser y la fundación de la verdad que se da en el ser ahí y, como tal se vuelve cuidador y guardián del ser. Sólo a partir del nuevo comienzo es como el hombre accede a un nuevo pensar; esto es, a superar el olvido del ser que se dio por siglos en el pensamiento occidental. Con ello se da el rompimiento en la forma de contemplar y pensar las cosas, lo que dio inicio a otra visión acerca de la pertenencia del ser y el ente.

Desde esa apertura se abre la posibilidad de un nuevo comenzar de la historia donde pasamos del ente al ser, todo lo cual nos hace capaces de ir a otros lugares, de dar el salto y retomar la pregunta por la verdad del ser. Sólo mediante este paso podemos emprender el camino del verdadero pensar, donde dejamos que las cosas sean, se manifiesten y se develen.

El advenimiento del ser en el ente es un mostrarse; y la huida del ser responde al ocultarse. La fundación de la verdad requiere de la transformación del lenguaje, del decir de la verdad, para que surja la nueva experiencia del acaecimiento apropiador, del devenir de nuestra experiencia como ser ahí.

Del planteamiento de Heidegger de que la cercanía del último dios se manifiesta en el silencio se desprende la tesis de que el lenguaje se funda en el silencio y es la seña del último dios, donde tiene lugar el poetizar.

El acontecimiento apropiador (*Ereignis*)

Como antes indicamos, el acontecimiento, acaecimiento o evento (*Ereignis*) es un término que aparece desde las primeras obras de Heidegger. En el apartado «Hermenéutica de la facticidad» de su *Ontología* se muestra que, en 1919, el *Ereignis* era ya considerado por este filósofo al inicio de su reinterpretación hermenéutica de la fenomenología; más tarde lo retoma en *Ser y tiempo* (1927) y, años después, en *Aportaciones a la Filosofía. Acerca del evento*, donde lo define como «acontecimiento apropiador del ser» y se vuelve clave de su pensamiento entre 1936 y 1938. En sentido general, el término *Ereignis* expresa la relación dinámica de co-pertenencia entre ser y *Dasein* (Escudero, 2009, p. 78).

El acontecimiento apropiador (*Ereignis*) va a dar sentido al movimiento de manifestación y ocultamiento del ser y va a marcar su carácter histórico, esto es, como acaecer histórico, como advenimiento del ser en el ente. Lo histórico va a significar el acaecer mismo. No se trata de concebir lo histórico como sucesos cronológicos en el tiempo, sino el darse u ofrecerse del ser para que aparezca el ente. No se trata de un fundamentar con representaciones mentales, sino de un acontecer que sucede. Se trata de la superación de la metafísica, del preguntar ontohistórico que busca el no fundamento, el abismo (*Abgrund*) de la presencia y de lo presente: «Si el fundamento ha sido pensado como presencia, el regreso a la presencia a partir de lo no dado, de lo oculto en el darse, constituye la posibilidad de pensar el ser en su acontecer histórico». (Xolocotzi, 2011, pp. 132-133)

Heidegger habla del evento (*Ereignis*) mediante la pregunta por el ser, que considera la pregunta fundamental, ya que el ser en su esenciarse es la seña del evento y hay que buscarlo en su ocultación: el problema se aborda a través de la verdad y el acontecimiento, por eso solamente la historia que se fundamente en el ser ahí tiene la seguridad de pertenecer a la verdad del ser.

Como bien sabemos, es en *Ser y tiempo* donde Heidegger hace la pregunta sobre el sentido del ser, este ser que indica el paso, el acaecer y desocultar; y en *Aportes a la filosofía. Acerca del evento*, hace la pregunta en torno a la verdad del ser, a través de la cual muestra cómo el ser es atravesado por el acontecer. Como el preguntar por la verdad del ser es el acontecer mismo, el desplegarse del ser y su verdad son entendidos como este despliegue.

El pleno esenciarse del ser (*Seyn*) reconoce que únicamente «en la verdad» del evento se reconoce que sólo el ser (*Seyn*) es y que el ente *no* es. En este saber acerca del ser (*Seyn*), el pensar alcanza la huella del otro comienzo y revela el tránsito desde la metafísica.

El filósofo señala que el evento y el ser ahí se pertenecen, como fundamento de la historia, son ocultos y extraños. La esencia es el esenciarse del abismo en la temporalidad, el tiempo en tanto espacio y tiempo. El acaecimiento del ser y su correlación de ser y *Dasein* no es fija y el ser pasa de la donación a la sustracción, de la manifestación a la ocultación. Al determinar el ser como acaecimiento-apropiación, Heidegger pretende que salgamos de la metafísica tradicional, y abrir una visión del ser con metáforas, con imágenes que sean una alternativa respecto a la filosofía tradicional. Ahí el término *Dasein* adquiere otra connotación, pues ya no indica el modo de ser del hombre como en *Ser y tiempo*, sino que se muestra como el «entre» o lo abierto en el acaecimiento del ser (Volpi, 2010, pp. 55-57). Es en este «entre» donde se libra la lucha entre los hombres, los dioses, lo terrenal y lo divino.

En efecto, ya en *Aportes a la filosofía. Acerca del evento*, Heidegger define el lenguaje del ente como lenguaje del ser: «[...] decir el más noble lenguaje surgido en su simplicidad y fuerza esencial, el lenguaje del ente como lenguaje del ser (*Seyn*)» (Heidegger, 2005b, p. 77); y añade más adelante que: «Esenciarse quiere decir la manera en que el ser (*Seyn*) mismo es, a saber, el ser (*Seyn*). El decir "del" ser (*Seyn*)» (Heidegger, 2005b, p. 382). Así, se muestra la experiencia originaria del hombre como lenguaje que habla en la medida en que lo dicho provenga de la experiencia primordial del ser, y en la medida en que este ser (haciéndonos señas), como acontecimiento radical, sea además fundamento del ser del hombre. De este modo, según Heidegger, el pensamiento del *Ereignis* se ve «desplegado» y «dado en propiedad».

En consecuencia, el Heidegger de *Aportes a la filosofía. Acerca del evento*, al plasmar su concepción del acontecimiento apropiador, nos muestra un mundo de aconteceres en continuo movimiento, donde se funden los contrarios, identidad y diferencia. Es la verdad como *alétheia*, es el colectar y recolectar como *logos* (λόγος).

> Pensado de modo griego, recoger significa dejar aparecer, a saber, lo uno, en cuya unidad lo que esencia en una proximidad se recoge en una colectividad, a partir de sí mismo. «Recolectar» significa: permanecer contenido en la unidad originaria del ensamble. Puesto que la palabra, en cuanto palabra nombrada y dicha, guarda el rasgo fundamental del hacer manifiesto y dejar aparecer. (Heidegger, 2005b, pp. 199-200)

Desde esta perspectiva, el acontecimiento sería un dejar pertenecer más originario para dejar que ser y *Dasein* se unan en su esencia pues acontecen sólo en la unidad; esto es, el acontecimiento como vivencia en tanto que ser y *Dasein* suceden como simultaneidad: algo acaece y se vuelve propio haciendo posible su carácter histórico. El ser se manifiesta epocalmente de diferentes maneras, es el ser como acaecer histórico, como vivencia que lo vuelve propio.

Heidegger nos enfrenta a un mundo de relaciones en continuo movimiento, un mundo de contrarios traspasados por la unidad en sentido heracliteano: identidad y diferencia, mostrar-ocultar, lenguaje-silencio, existencia-muerte. Se trata de un mundo donde todo es un acontecer continuo: acontecimiento como vivencia, la experiencia de que algo se vuelve propio y donde el lenguaje aparece como principio de unidad a través del cual la verdad del ser simultáneamente se muestra y oculta, y nos interpela; donde la vida es fáctica porque es existencia y es tiempo. Así entendido el mundo, los humanos se constituyen en seres para la muerte, proyectos temporales, arrojados en el ahí, en el mundo con los otros. Lo uno no puede ser lo otro, pero tampoco puede ser sin lo otro.

El *Ereignis* o acontecimiento apropiador es entonces un dejar pertenecer más originario, donde ser y *Dasein* se unen en su esencia y adquieren lo que les es esencial, se apropian, es un acontecer en la unidad. Acontecimiento como vivencia en tanto que acontece como simultaneidad. Yo me apropio de mis vivencias, de mis aconteceres, lo cual revela el carácter histórico epocal del ser que, a lo largo de la filosofía, se manifiesta como proceso de cambio, una filosofía del ser donde el verdadero autor es el ser; Heidegger habla de una comprensión dinámica del ser como un acaecer histórico.

Ramón Rodríguez sostiene que en *Aportaciones a la Filosofía. Acerca del evento*: «El problema del ser es abordado a partir de la verdad y el acontecimiento, dos hilos conductores que no estaban presentes en *Ser y tiempo*». (1987, p. 200)

La pregunta por la verdad

La verdad para Heidegger no se ubica en el campo cognoscitivo ni lingüístico y tampoco en la concordancia con las cosas y el intelecto, pues la libertad es la esencia de la verdad. Esto equivale a la posibilidad de articular vínculos sin que vengan precedidos por conceptos previos. La verdad no tiene lugar en el enunciado, sino que éste procede de la constitución de la cosa, del tránsito entre aquello que se dice y lo que se dice del acontecimiento.

Se trata de la libertad del dejar ser, es un desvelar continuo entre el sujeto y el predicado. La cosa está constituida por el tiempo, esto es, lo que aparece y desaparece. El filósofo de Messkirch nos enfrenta de nuevo al rompimiento del paradigma de la modernidad en cuanto a la relación de conocimiento sujeto-objeto, y al criterio de evidencia y certeza, esa herencia de Descartes.

Por el camino de la propuesta cartesiana el olvido del ser toma fuerza sobre la conducta humana. Esta certeza del yo fortalece la concepción metafísica del hombre como animal racional, surgiendo la mente calculadora donde la verdad se demuestra y comprueba desde la perspectiva gnoseológica y cientificista.

Al preguntar por la verdad, Heidegger señala que no se trata sólo de: «[...] una modificación del concepto, sino de un salto al esenciarse de la verdad. Y conforme a ello de una transformación del ser humano en el sentido de un des-plazamiento de su puesto en el ente». (2005b, p. 273)

Lo cual hace visible al ser (*Seyn*) como evento. Cuando Heidegger habla del esenciarse de la verdad del ser, hay que recordar que ella siempre es histórica. La verdad es el claro para el ocultarse, sólo en el claro podemos experimentar el ocultarse; pero nunca representa el sistema lógico de las proposiciones porque la pregunta por la verdad es la pregunta por el ser. La verdad no como certeza sino como *alétheia*, aquello que muestra la presencia de las cosas. Las cosas no se generan en la conciencia, éstas tienen relación con el acontecimiento de la verdad.

Heidegger también habla de la verdad y su desencubrimiento a través de la obra estética, pues en ella:

> La verdad acontece de un único modo: estableciéndose en ese combate y espacio de juego que se abren gracias a ella misma. En efecto, puesto que la verdad es la oposición alterna del claro y el encubrimiento [...]. Pero la verdad no está ya presente de antemano en algún lugar de las estrellas para venir después a instalarse en algún lugar de lo ente [...]. El claro de la apertura y el establecimiento en el espacio abierto son inseparables, se pertenecen mutuamente. Son la misma y única esencia del acontecimiento de la verdad. Tal acontecimiento es histórico de muchas maneras. (Heidegger, 2010, p. 44)

El análisis de *El origen de la obra de arte* ayuda a apreciar mejor la manifestación de la verdad como ese abrirse para develar el ser, para que se manifieste en el claro de la apertura, en ese entre de los hombres con los dioses. Para ello, hay que dejar que la verdad se muestre y se desoculte, como sucede en la obra de arte, pues su origen es la obra misma más allá de museos, galerías e industrias culturales. Hay que dejarla descansar en sí misma. En esta percepción la obra se abre gracias a sí misma.

> El origen de la obra de arte y del artista es el arte. El origen es la procedencia de la esencia, en donde surge a la presencia el ser de un ente. ¿Qué es el arte? [...] la realidad de la obra ha sido determinada a partir de aquello que obra en la obra, a partir del acontecimiento de la verdad. Pensamos este acontecimiento como la disputa del combate entre el mundo y la tierra. (Heidegger, 2010, p. 41)

En el verdadero arte la obra se abre gracias a sí misma. El templo griego está ahí, se yergue en un espacio determinado, por lo general se alza en un lugar montañoso desde donde puede ser mirado, ahí el edificio encierra la figura del dios y dentro de su ocultamiento permite que el recinto sagrado se abra y el dios se presente en el templo. El espacio permite al dios desocultarse y abrir el mundo de lo sagrado, mostrarlo; lo mismo sucede con el verdadero arte que se abre y se desoculta y al hacerlo revela la verdad del ser (Heidegger, 2010, pp. 29-35).

Desde el punto de vista de la verdad como tránsito, no hay un significado previo y la obra de arte muestra su propio surgir. Al respecto, es pertinente señalar que, como lo expresó Miguel Ángel sobre su creación del *David,* el escultor cuando saca una figura de un bloque de piedra, en este caso del mármol, hace surgir de la nada lo que la piedra oculta: la obra de arte. Es la salida de un ente a su manera. La verdad, entonces, es su acontecimiento, y conlleva siempre unión y separación, es un combate entre cielo y tierra y se establece en ese espacio abierto. No se trata de comprender la obra de arte a partir de la cosa sino la cosa a partir de la obra.

Silencio y sigética

En este apartado abordaremos la función del silencio y su relación con el lenguaje, en especial con el lenguaje poético y artístico, con las diferentes formas de nombrar y decir las cosas, enfatizando no sólo lo que aparentemente dice, sino lo que no dice en lo dicho. Hablaremos de la sigética como lógica de la existencia, en el sentido que le da Heidegger, quien de ninguna manera intenta suplantar la lógica categorial, pues para este filósofo la pregunta por el ser y el lenguaje es el camino de la búsqueda que no acepta sistemas ni disciplinas, sino sólo posibilidades de mundo y sus correspondencias. De igual manera recorreremos el camino trazado por el silencio originario que es la voz del ser y del callar, indispensables para que se dé la palabra en la poesía o en cualquier lenguaje estético, de la música, la pintura o la escultura.

Como bien sabemos, en las manifestaciones artísticas se dan voces silenciosas que interpretan los signos de la época: el ruido y la violencia que se han apoderado de las sociedades a través de mensajes mediáticos, de la promoción consumista que se observa en la asistencia a los centros comerciales llenos de distractores en forma de productos y mercancías, el ajetreo y tráfico de las ciudades. Todo ello ha elevado los niveles de ansiedad de un habitar en la tierra que no permite escuchar al ser, en detrimento de la capacidad del pensar poético y su consecuente creatividad.

La reflexión sobre el lenguaje lleva a preguntar por sus límites, por aquello que no se puede decir porque mira más allá y responde mediante la metáfora o las señas, ante la imposibilidad de los conceptos y las vías racionales para expresar el misterio de lo oculto, el ser de las cosas.

El silencio como lo que no es

En 1930, Heidegger concibe el lenguaje como el lugar de comparecencia de los entes y de la patencia (πάθος: pasión) de su ser, y encuentra una relación entre el decir poético de Hölderlin y el silencio. Será en 1950 cuando señale la esencia del habla como el son del silencio, además de hacer presente el acontecimiento del ser.

Al respecto del habla y el decir, Paloma Martínez Matías, una de las pocas filósofas que abordan el tema del habla, el silencio y el decir en Heidegger muestra que, a lo largo de la obra heideggeriana, cambia: «[…] su relación con el hablar y el decir, con las designaciones de lo no hablado (*das Ungesprochene*), lo no–dicho (*das Ungesagte*) o lo indecible (*das Unsagbar*)». (2012, p. 33)

En 1934 Heidegger modifica su perspectiva sobre el lenguaje respecto a lo planteado en *Ser y tiempo*, pues en lugar de centrar su interés en el lenguaje cotidiano de lo uno, lo orienta en el decir poético, y su acontecer como «potencia creadora de mundo»; esto es, en el lenguaje del poetizar que conducirá sus estudios sobre la obra de Hölderlin y será la clave en el desarrollo de su filosofía del lenguaje en general.

En estos estudios señala que el lenguaje poético deja lo indecible (*das Unsagbar*) como no-dicho (*Ungesagt*) a través de su decir.

El decir poético hace patente algo, en su condición de no dicho y al mismo tiempo se sustrae al propio decir; lo indecible deberá mostrarse en el decir de lo no dicho. Por ello, el lenguaje poético se concibe como el lugar de aparición de algo indecible cuyo darse a conocer, paradójicamente, necesita del mismo decir.

El silencio dará razón del ocultamiento del ser como el ser mismo que se silencia en el lenguaje y acontece en el decir. Sin embargo, el decir poético deberá manifestar su propia indecibilidad. «El silencio», dice Luis Villoro, «se refiere inmediatamente a la palabra, pero, al negar la palabra, muestra el hiato que separa la realidad vivida, del lenguaje que intenta representarla». (Villoro, 2015, p. 15)

El silencio corresponde a un ámbito que no puede traducirse en palabras; es algo imposible de proyectarse en cualquier lenguaje. Heidegger señala que la esencia de la palabra no reside en su sonido o en su función comunicadora. Explica cómo los griegos mostraban una representación poética esencial de los dioses a través de templos y estatuas, cuyas figuras eran independientes de la palabra. Ésta desaparecería con rapidez, a diferencia de la piedra, el hierro o la pintura; pero, a la vez, tales representaciones no podrían existir sin la palabra, pues gracias a ella los dioses entablaban un diálogo silencioso con el hombre en lo desoculto. Si la palabra silenciosa no estuviera allí, entonces nunca podría aparecer el dios que mira como si viera desde la estatua y desde los rasgos de sus figuras. Y un templo nunca podría presentarse a sí mismo como la casa del dios, sin hallarse en el dominio de la desocultación de la palabra:

> Seguramente los hombres de nuestro tiempo no tenemos ni noción de cómo los griegos pensando experimentaban su elevada poesía, de cómo pensando experimentaban las obras de su arte o, mejor dicho, no las experimentaban sino que las hacían estar allí en la presencia de su irradiación. (Heidegger, 2008a, p. 24)

Para el filósofo alemán, los griegos experimentan de un modo esencialmente único el ser en el desocultamiento de la leyenda y la palabra, mediante su poetizar y pensar. La belleza es un regalo de la esencia de la verdad y lo bello es lo que «acontece cuando lo eterno llega a su aparición». El mostrarse del ser acontece en la presencia con el otro y permite que las cosas sean, «esto puede suceder cuando el poetizar es elevado y el pensar profundo». Basta ver las antiguas colonias en el Mediterráneo: Agrigento o Siracusa, en Sicilia, donde existen templos griegos muy bien conservados y, en su interior, el secreto de la palabra los habita. Emerge de ellos la sugerencia de la verdad a través del arte, de su arquitectura que ciñe los espacios y el umbral de lo sagrado, la cercanía de lo lejano que permite ver lo esencial y deja aparecer al dios. Es este un lenguaje que al mismo tiempo que calla dice, es una presencia convertida en silencio, para la cual hay que estar preparados y atentos a escuchar ese hablar que proviene de muy lejos. Heidegger muestra las posibilidades de este hablar silente en *Aportes a la filosofía. Acerca del evento.*

El problema, nos dice Pascal David (2016) en *De la logique à la sigétique*, seminario impartido en la Facultad de Filosofía de la Universidad Autónoma de Nuevo León, es descubrir o re-descubrir qué se juega bajo el nombre de la lógica, una lógica que no es categorial sino existencial, una lógica de la existencia que significa cómo la existencia hace uso de la palabra. Su lógica es la palabra, los existenciarios que no son ni categorías ni propiedades, pero responden a la existencia. En *Aportes a la filosofía. Acerca del evento*, Pascal David observa que lo importante no es saber de qué habla Heidegger en esta obra, sino el lugar desde donde habla; y a tal cuestionamiento responderíamos que habla desde la lejanía. ¿Cómo interpretar ese hablar desde la lejanía? Ese hablar del ser y no sobre el ser, desde lo lejano y lo profundo.

Para Pascal David la sigética es en el «otro comienzo», mientras la lógica se encuentra en el primer comienzo. La sigética no pretende reemplazar a la lógica, lo que demanda es presentarla de otra manera. Se trata de ir de la palabra al silencio. La sigética aparece en *Aportes a la filosofía. Acerca del evento*, y debemos preguntar por su contribución a la filosofía, en qué momento entra en escena. Analógicamente, Heidegger señala que, con la manera de emplear y hablar el lenguaje en nuestra época, no se puede decir la verdad del ser (*Seyn*) porque tendría que surgir el lenguaje del ente como lenguaje del ser (*Seyn*). La pregunta fundamental que se hace el filósofo es cómo se esencia el ser.

En la analítica existencial, el lenguaje nos invita al despertar de la lengua en aquello que la funda existencialmente y la inscribe entre las estructuras ontológicas de la existencia humana, como lo es la palabra. La posibilidad de hablar, de pertenecer al estar en el mundo, deja abierta otra posibilidad esencial de la palabra: el silencio. El silencio del que habla Heidegger es aquel que demanda de nombres, porque no es un callar sino un *silere,* lo que no se muestra. No se trata de una falta de ruidos o de palabras sino de entender que el silencio reina (David, 2016).

La pregunta fundamental es ¿cómo se esencia el ser? El silencio es la circunspecta legalidad del callar. El silencio es la lógica de la filosofía cuando ésta pregunta la cuestión fundamental desde el otro comienzo. En esta pregunta busca la verdad del esenciarse del ser (*Seyn*), la ocultación (el misterio) que hace señas:

> Nunca podemos decir inmediatamente al ser (*Seyn*) mismo cuando es omitido en el salto, pues todo dicho procede del ser (*Seyn*) y habla desde su verdad. Toda palabra y con ello toda lógica está bajo el poder del ser (*Seyn*). La esencia de la «lógica» es por ello la sigética, esto es el silencio que ilumina la presencia del ser. Recién en ella es también concebida la esencia del lenguaje. Pero «sigética» es sólo un título para quienes piensan aún en «disciplinas» y creen tener un saber sólo cuando lo dicho está clasificado. (Heidegger, 2006, pp. 77-78)

La propuesta heideggeriana acerca de la sigética sostiene el principio de lo fáctico o existencial que mostró respecto al lenguaje. La sigética no es una disciplina, sino una lógica de la existencia y de cómo ésta hace uso de la palabra cuyo otro rostro es el silencio, forma del lenguaje a través del cual las palabras poseen al hombre. No se trata de sustituir la lógica, porque:

> [...] la sigética pregunta por el ser (*Seyn*) y el esenciarse del ser de la lógica [...]. El silencio surge del origen esenciante del mismo lenguaje. [...]. El decir como silencio funda ¿No es acaso su palabra un signo para algo totalmente otro? (Heidegger, 2006, pp. 78-79)

Para Heidegger se trata de buscar lo originario, de «mantenerse-en-la-verdad», en lo que se oculta y se muestra, en ese preguntar esencial y persistir en él; en ese buscar originario: preguntar y sin embargo callar. De aquí que el silencio tenga leyes más elevadas que toda lógica, que surja del carácter esenciante del lenguaje y se constituya en el otro rostro de la palabra. El lenguaje es la estructura de manifestación del ser y de las cosas mismas cuya esencia devela. El ser que puede ser comprendido es lenguaje, aunque también permanece oculto, y esto es lo que manifiesta el silencio: decir lo que no es.

El silencio como origen del lenguaje

El silencio y el preguntar consisten en mantener el preguntar esencial en lo abierto de lo que se oculta y se sustrae, mantenerse en la verdad. El buscar se entiende como el preguntar y no obstante callar, permanecer en ello. El silencio no es un concepto, porque es indecible; hay un silencio originario que no es sino la voz del ser, y otra forma del silencio que da origen al lenguaje, a la palabra, que es la única voz del silencio o lógica de la existencia. Sin silencio no hay lenguaje.

El silencio es un *a priori* «a-teórico»; es la experiencia de un habla distinta que es la del ser, el otro lado del lenguaje como condición indispensable del mismo. No se puede considerar el habla sin el silencio, pues el ser se da en el silencio no como falta de sonido sino como posibilidad del decir y fundamento del habla, íntimamente enlazados con el ser. En el habla se comparte el silencio que también es presencia.

Sólo un ser que habla puede callarse y guardar silencio, pues éste es la fuente de la palabra, precede al callar y no se confunde con la ausencia de sonidos porque no es un asunto de sonidos. El silencio puede reinar, lo cual quiere decir que hay una dimensión en el silencio, es la presencia que brilla por su ausencia. La palabra poética está a la altura del recogimiento del silencio. (David, 2016)

El silencio tiene su propio sonido y gracias a él es posible escucharlo, cada sonido como cada palabra implican la noción de silencio pues no hay presencia sin ausencia y el sonido necesita del silencio para ser escuchado. El silencio se muestra en la música, poesía, pintura y en general es condición del lenguaje.

A mediados del siglo xx encontramos la pregunta por el silencio, por su presencia; efectos y reflexiones en muchas de las manifestaciones artísticas. John Cage, un brillante músico norteamericano, en su obra experimental *Pieza Silenciosa 4'33"* (*Silent Piece 4'33"*), compuesta en agosto de 1952, quiso mostrar los efectos del silencio y para ello desarrolló esta obra en tres movimientos sin sonidos intencionales, lo que llamó «art without work», es decir, algo parecido a lo que Marcel Duchamp hizo con sus *Readymades*. (Daniels y Arns, 2012)

Cage se preocupó por la presencia de los sonidos no intencionales, y mediante ellos, del silencio, aunque cuestionaba que existiera realmente el silencio pues siempre había sonidos que surgían durante el *performance* de la obra musical, sonidos ante los cuales no estábamos presentes ni atentos, porque no escuchamos. De aquí que la propuesta de su *Pieza Silenciosa 4'33"* consistiera en estar atentos a los sonidos aparentemente no presentes durante la ejecución de la obra, tales como los latidos del corazón o el movimiento del interior del cuerpo, con el fin de escucharnos a nosotros mismos. La obra de Cage da lugar a un silencio que permite atender los sonidos de nuestro cuerpo, de la misma manera como cuando percibimos múltiples sonidos en el bosque «silencioso»: el viento, el correr del agua en los arroyos, el canto de las aves. Todos ellos forman parte del silencio, pues el silencio no es la falta de sonido.

La pieza *4'33"*, presentada el 29 de agosto de 1952, mostró que los seres humanos vivimos distraídos y poco habituados a escuchar. La propuesta de Cage consistía en mantener en silencio a los espectadores y a la sala de conciertos durante 4 minutos y 33 segundos. El director en el escenario frente a sus músicos abría el piano, colocaba la partitura y nadie emitía ningún sonido; uno de sus objetivos era expresar su descontento con el concepto de arte de ese tiempo y experimentar el silencio. Cage quería prescindir de la estructura de la música y hablar de la nada y el vacío, planteándolos a la manera de la filosofía zen con el objeto de modificar nuestra manera de percibir el mundo. Recordemos que la nada en la filosofía zen responde a la indeterminación que engloba todas las identidades o bien al no ser que puede indicar tanto «un estado que existe antes del universo» como el propio *Tao* o incluso el «vacío». (Saviani, 2004, p. 47)

La propuesta de Cage nos recuerda las de Heidegger debido a su interés por propiciar un cambio en el paradigma metafísico, ver otra forma en la que el mundo se devela y se muestra, donde el ser se esencia. Cage, además, revela un acercamiento a la visión oriental acerca del vacío y la nada. Sin embargo, en Cage no se encuentra la propuesta heideggeriana de que el ser se da en el silencio, no como falta de sonido, sino como posibilidad del decir y fundamento del habla y, aunque Cage consideraba que el silencio era esencial para que la música pudiera ser escuchada, cuestionaba qué tanto éramos capaces de soportar el silencio como posibilidad del escuchar.

Algo misterioso de *Pieza Silenciosa 4'33"* quizá provenga de que se relaciona con un punto inalcanzable o absoluto donde el universo está muerto; es también el reino del silencio, de un final que es la muerte.[1]

---

1 Seminario de Luis Tamayo (2017), en El Colegio de Morelos.

Nuestra época muestra cómo el impacto del ruido se ha apoderado de la sociedades y con ello ha traído la disminución de la calidad de vida: el tráfico, la industria, los centros comerciales, todo lo que viene a evidenciar un lenguaje de una era dominada por la técnica y la informática: celulares, computadoras, sintetizadores, pantallas, televisores, robots. Byung-Chul Han, filósofo coreano, analiza cómo la hipercomunicación digital destruye el silencio y el respeto, generando un exceso de ruido que hace callar a todos. El problema es que el ruido se ha posesionado de los espacios y no nos permite remitirnos a nosotros mismos, nos impide hacer las preguntas esenciales respecto a nuestra existencia.

El medio del espíritu es el silencio y sin duda la comunicación digital lo destruye:

> Lo aditivo, que engendra el ruido comunicativo, no es el modo de andar del espíritu. [...] En lugar de aquel viento ronco en el campo, sopla hoy la tormenta digital a través del mundo como red. Los huracanes de lo digital hacen imposible el habitar de Heidegger. La «tierra» del labrador heideggeriano está diametralmente opuesta a lo digital. (Han, 2014, pp 39-63)

El mundo actual vive históricamente bajo el dominio de la técnica y siempre nos encontramos ante su presencia, la vemos como una amenaza que invade espacios públicos saturados de ruido, siempre ruido: en la entrada de edificios, en los restaurantes, en los comercios; pareciera que hay un miedo al silencio pues obliga a enfrentarnos a nosotros mismos, creando un distanciamiento con el exterior y permitiendo que el interior se muestre haciendo visible lo invisible. Sin embargo, se ha perdido la posibilidad de darle lugar al silencio, no queremos ver ni escuchar y ese ajetreo cotidiano tampoco deja escuchar al ser ni colocarnos en el claro (*Lichtung*). Seguimos en el nivel de lo «uno» de lo que se dice o se hace, el mundo de la opinión y de las apariencias, el mundo de lo ente y de tal manera nos olvidamos del ser.

Silencio y ser

Escuchar la palabra a partir del silencio
De 1952 a 2012, el trabajo de Cage sobre el silencio influyó no sólo en la música, también en la literatura, la pintura y el cine. Entre los artistas citados en la exposición *Sounds Like Silence* (1962-1992), aparecen diversos académicos y creadores que en la mitad del siglo xx se vieron influidos por la propuesta de Cage sobre «el trabajo de arte, sin arte», entre ellos: Robert Rauschenberg, Guy Debord, Yves Klein, Henrich Böll. Ya sea en el vacío o en la ausencia visual, en el caso de la pintura, o con la proyección en blanco en el cine como parte del espacio-tiempo de la proyección, o en la página en blanco de la escritura, estos artistas proponían nuevos caminos y reflexiones en un sentido heideggeriano donde la ausencia era necesaria para iluminar la presencia. (Daniels y Arns, 2012, p. 23)

Para Cage la experiencia del silencio no es algo que pueda comunicarse de persona a persona; tampoco puede forzarse su existencia desde el exterior y no basta con nuestra intención para que se produzca. El silencio, para este compositor, significa vida y nunca lo absoluto. Lo relaciona con el ambiente que nos rodea y con la vida misma. Para Heidegger el silencio aparece en el recogimiento, siempre y cuando estemos en el claro (Lichtung) y en espera a que se revele el ser, atentos a la escucha. También puede manifestarse ante una sinfonía o cuando vemos las estrellas y abrazamos el silencio del espacio y la noche. El silencio es condición de la escucha y del lenguaje, sin él ellos no existirían, se da como vivencia relacionada con el lenguaje y la existencia.

En acuerdo con el análisis presentado por Cage en Sounds like Silence (1962-1992), para Guy Debord y Henrich Böll el silencio se convierte en una metáfora que revela el aumento de los estímulos de una sociedad mediática y con ello la reducción de los espacios para la reflexión. En ello coinciden con Heidegger respecto a su pronunciamiento acerca de la Gestell y la esencia de la técnica moderna. Una técnica que se ha posicionado y dominado a los hombres y es motivo de la devastación de la tierra.

Por un lado, el silencio en el caso de Cage tiene sonidos, hay que recordar que en el caso de Heidegger el silencio no es la ausencia de sonidos como el del aire en el bosque, o el agua en el arroyo del campo, pues el sonido necesita el silencio para que podamos escucharlo. Así cada sonido necesita la noción de silencio pues no hay presencia sin ausencia y el silencio suena, tiene sonidos. Cage parece preguntar: ¿Qué escuchamos cuando no hay nada que escuchar?

Cage siempre refiere que su obra *Pieza Silenciosa 4'33"* no tiene mucho que ver acerca del silencio como acerca del sonido o aun del ruido, pues requiere de la escucha activa de los sonidos ambientales, aquellos que nos rodean y en específico, los sonidos no intencionales que ocurren durante el performance de los movimientos de la pieza. Tener la experiencia de los sonidos como música y mostrar las relaciones entre silencio, movimiento y sonido, y entre presencia y ausencia del cuerpo es una de las propuestas del artista. (Daniels y Arns, 2012, pp. 15-22)

Cage decía que debemos trabajar para enfrentarnos por nuestra propia cuenta al silencio, volver nuestro espíritu hacia él y reconocerlo cuando nos encontremos con él. El escuchar la pieza *4'33"* de Cage mostró que la música procede del silencio, a partir del cual se posibilita el componerla y descubrirla.

Al decir Cage que no se puede forzar la existencia del silencio desde el exterior y que debemos volver nuestro espíritu hacia él y reconocerlo cuando se nos muestre, nos remite a la tesis de Heidegger respecto a que el silencio también es presencia y posibilidad del decir y tiene su propio sonido, pero hay que estar atentos para escucharlo. Pareciera que el llamado de Cage mediante *Pieza Silenciosa 4'33"* es a poner atención en el silencio que se pronuncia mediante los sonidos del propio cuerpo, a ser capaces de escuchar aquello ante lo cual no estamos preparados, como sucede en un concierto de música con los sonidos interiores de nuestro cuerpo; es como una iniciación al silencio al cual debemos estar atentos.

Heidegger insiste en el papel creativo de la audición, en las complejas artes del oído, que son obligatorias en todo ejercicio de recepción y dilucidación. Tenemos que aprender a escuchar, como hace el músico, hay que atender las voces de lo no dicho, los profundos ritmos y connotaciones del pensamiento, de las concepciones poéticas antes de que desaparezcan en el habla convencional y banal.

Por otro lado, Ivan Illich en El derecho a la dignidad del silencio, señala las connotaciones del silencio y su función en distintos contextos sociales. Es una reflexión sobre la instalación de los misiles Pershing en territorio alemán y la hondura del silencio como fuerza para manifestar el horror de las máquinas genocidas, llámense armas nucleares, cámaras de gas o cualquier otra estructura técnica y burocrática de lo que llamó Era de los sistemas. (2015, pp. 5-7)

En su estudio, Illich expone cómo un grupo de personas en Alemania se reunían en intersecciones de calles muy frecuentadas y permanecían silenciosas, calladas, sin decir palabra, sin contestar preguntas ni exclamaciones y después de una hora se retiraban en silencio. En ocasiones llevaban una pancarta: «Yo me mantengo en silencio porque no tengo nada que decir sobre el aniquilamiento nuclear». Lo notable era que el silencio de esas reuniones sonaba con claridad, ya que el mutismo puede tronar y transmitir un horror indecible. Cuando la gente permanece en silencio como forma de manifestarse representa una provocación viva para todas las tendencias y grupos, para quienes pasan como observadores y para quienes participan, pues es decir en lo no dicho.

Illich se preguntaba: ¿Por qué pienso que el silencio puede ser más persuasivo que la palabra? ¿Por qué inscribo al silencio entre los derechos del ser humano que merecen una protección legal?

Cuando me topo con gente que pretende argumentar sobre el genocidio, sólo puedo gritar, paradójicamente, el grito es más cercano al silencio que la palabra. El silencio enmarcado por gritos de horror, trasciende el lenguaje, hasta el experto más inteligente y experimentado puede usar el silencio como su «última palabra». (Illich, 2015, pp. 5-7)

Al hablar Illich del grito como un elemento que une a personas de diferentes edades o naciones, se entiende el silencio enmarcado por el horror, o bien el modo en el que un silencio puede representar una última palabra, un signo, un gesto, lo indecible en el decir, tal como sucede en el cuadro de Edvard Munch, *El grito*, pintado en 1893, antes de la Primera Guerra Mundial, y cómo la expresión de ese rostro ya anuncia el horror y los presagios del caos y la destrucción, de lo inhumano profetizado en una expresión de terror, en un hombre caricaturizado con los ojos desorbitados mirando lo indecible; el puro gesto parece mostrar el horror ya presente en las guerras por venir y el holocausto mundial. Como el ángel exterminador de la historia, el *Angelus Novus* de Paul Klee, 1920, que tiene los ojos desorbitados, la boca abierta y las alas tendidas; al que Walter Benjamín llama «el ángel de la historia», pues en él ve una catástrofe que acumula ruinas sobre ruinas y anuncia la decadencia y la destrucción del mundo; un fuerte viento le impide a ese ángel detenerse y lo arrastra hacia el futuro, hacia lo que, de acuerdo con Benjamín, es la fuerza del progreso.

«El grito es más cercano al silencio que la palabra», en esto nos recuerda Illich a Heidegger quien en su diálogo con el japonés habla del señar, de los guiños como partes del habla; así en el grito silencioso, la expresión es lenguaje, habla:

[…] abrigando silenciosamente todo decir de la palabra. La palabra preparadora es el silencio propio de la quietud, que sólo se quiebra cuando la palabra debe ser, pues es por ese y para ese silencio que esencia la esencia esenciadora del silencio. (Heidegger, 2012, p. 407)

El maestro Luis Villoro también analiza en su obra *La significación del silencio* las diferencias entre el lenguaje discursivo propio de un mundo conceptual de representaciones que encubre, mas no elimina, la extrañeza del mundo, y el lenguaje vivido que corresponde a la poesía donde el silencio es un modo del habla. El silencio, dice Villoro, es lo que acompaña lo asombroso y extraordinario del mundo:

> [...] nos abre al asombro ante el mundo. [...] Todo lo inusitado y singular, lo sorprendente y extraño rebasa la palabra discursiva, sólo el silencio puede nombrarlo [...] las palabras reducidas a significaciones objetivas son incapaces de significar cabalmente lo vivido. Nacerá entonces un lenguaje paradójico basado en la ruptura, en la destrucción de los significados habituales del discurso. [...] así este lenguaje paradójico será, en el fondo, el límite a que tiende toda verdadera poesía. (Villoro, 2015, pp. 12-16)

Villoro reflexiona cómo la muerte y el sufrimiento exigen silencio; también el amor y la gratitud precisan del silencio. El silencio ha sido siempre la manera de designar lo extraño por antonomasia: lo sagrado, y sólo muestra algo como pura presencia incapaz de ser representada por la palabra. Señala los límites esenciales de la palabra e indica la pura presencia inexplicable de las cosas:

> El habla no puede prescindir del silencio porque es la posibilidad de su propia imposibilidad, al igual que la muerte es una posibilidad que constituye la vida. El silencio es parte esencial del lenguaje y muestra que siempre habrá algo de lo que el ser humano no puede dar cuenta con su discurso pues tiene el peso insondable del silencio, el silencio poético. (Villoro, 2015, pp. 11-15)

En el uso común, los humanos se expresan en lenguaje discursivo y hablan de un mundo de representaciones, donde los conceptos se vinculan a la lógica y no pueden ir más allá de sus límites, a diferencia de las imágenes y metáforas que son propias del lenguaje poético y muestran el mundo de lo intraducible, provocando el asombro y el silencio.

Nos dice Villoro que el silencio separado de la palabra no diría nada porque su condición de posibilidad –en cuanto significación– es la palabra. Por ello también dirá que lo humano llega hasta donde alcanza el lenguaje. De igual forma, en Heidegger encontramos esa visión heracliteana de la Dialéctica de los contrarios: de la identidad y diferencia, del ser que es y no es simultáneamente, de la vida y la muerte como condición determinante una de la otra, de la verdad que se muestra y se esconde: *alétheia* (ἀλήθεια), que es presencia y ausencia. Villoro señala que en muchos casos se reconoce la función significativa del silencio, sin embargo, éste sólo puede significar en un contexto del lenguaje pues es su condición de posibilidad:

> El silencio sólo muestra algo como pura presencia, incapaz de ser representada por la palabra. [...] El silencio no puede ampliar el ámbito del mundo que el individuo puede proyectar en un lenguaje objetivo. Sólo puede mostrar los límites de ese lenguaje y la existencia de algo que por todas partes lo rebasa. (Villoro, 2015, p. 16)

La sigética y el cómo del silencio

La reflexión sobre el lenguaje llevará a la pregunta sobre sus límites, a la necesidad de quedarse callado ante lo que no se puede expresar verbalmente:

> El decir como el silencio funda. No es acaso su palabra un signo para algo totalmente otro. Lo que nombra es mentado. Pero el «mentar» sólo adjudica como *ser-ahí*, es decir, pensantemente en el preguntar. [...] El buscar como preguntar y no obstante callar.

¡Quién busca ya ha encontrado! Y *el buscar originario es ese asir de lo ya encontrado, a saber, de lo que se oculta como tal.* (Heidegger, 2005b, p. 79)

El buscar como preguntar y callar nos remite al camino que explora Humberto Beck cuando se detiene en la poesía y la poética de Paul Celan para expresar: «La poesía no es la encarnación de una palabra, sino la contra palabra que nos arrebata el aliento». Es «un giro del aliento» que pone de cabeza la idea misma de arte. La esperanza del poema no es facilitar la expansión de un yo lírico, sino «hablar *en nombre de otro,* quién sabe, quizás en nombre *de un totalmente otro*». Ese otro es un opuesto que el poema necesita, porque «se habla a sí mismo hacia él». (Celan, citado por Beck, 2015, p. 21)

La reflexión de Beck se sustenta en la pregunta de Adorno sobre si después de Auschwitz sería posible escribir poesía; y responde que para ello se requeriría de una transformación, de un proceso de inversión de todos los principios convencionales como sucede con la poesía de Paul Celan donde «la metamorfosis de la palabra es también una transmutación del silencio»:

Silencio, cocido como oro, en
manos
carbonizadas.
Grande, gris.
cercana como todo lo perdido,
figura de hermana:
Todos los nombres, todos los nombres
quemados
con ella.

Celan habla desde un otro, desde los muertos que han sido aniquilados en el Holocausto: sus padres, su hermana y tantos millones de judíos, «es a veces el silencio de los muertos», versos en los que el habla poética se olvida de afirmar el instante y se constituye, en cambio, como un decir en el que acontece la muerte, en que la muerte habla y dice lo imposible: «Estoy muerto». En ellos es posible leer un luto por el lenguaje extinto, la palabra fallecida:

Una palabra –tú sabes:
un cadáver.
Vamos a lavarla,
vamos a peinarla,
vamos a volver su ojo
hacia el cielo.[2]

Con la poesía de Paul Celan, Humberto Beck encuentra que después de Auschwitz: [...] la palabra se alimenta de su negación: significa porque es implícitamente silenciosa. El silencio como gesto supone una crítica del lenguaje desde ese más allá de la palabra que son el mutismo y la afonía. (2015, p. 21)

Por su parte, George Steiner comenta que la poesía y la prosa de Celan están a la altura de las de Hölderlin. Los textos de Celan están poseídos por una gran angustia y la desesperanza del ser judío y hablar la lengua de un pueblo que había masacrado a sus padres y a millones más de quienes profesaban la religión hebrea. Por ello hubo varios encuentros y desencuentros entre Celan y Heidegger. Celan realizó lecturas profundas sobre la obra del filósofo alemán, en las cuales hizo anotaciones y subrayados; pero, de acuerdo con Steiner, fue más el impacto lingüístico que tuvieron debido a la capacidad de Heidegger para amalgamar morfemas y formar palabras compuestas, neologismos, o bien omitir conjunciones inalterables en un material todavía no evaluado. (Steiner, 2012, pp. 214-216)

Steiner refiere una imagen de los encuentros silenciosos entre Heidegger y Celan en la cabaña de Todtnauberg:

---

2   Paul Celan, citado por Beck (2015, p. 21) de la versión de José Luis Reina Palazón y Pablo Oyarzún.

[...] el pensamiento filosófico soberano, la poesía soberana, uno al lado de la otra, en un silencio infinitamente significativo pero también inexplicable. Un silencio que salvaguarda y al mismo tiempo intenta trascender los límites del habla, que son también, en el nombre mismo de aquella cabaña, los de la muerte. (Steiner, 2012, p. 224)

El silencio viene a ser condición del habla, condición del escuchar, es lo inexpresable que va más allá de la palabra, como un grito del propio silencio o bien un hueco del mundo, y en todos ellos pareciera estar siempre presente la preocupación de cómo narrar lo inenarrable y cómo penetrar el límite del lenguaje; y para ello sería necesario el silencio. En ocasiones parece tratarse del espacio de lo impenetrable mediante la palabra, en otras, alude a la muerte o contempla el silencio de las posibilidades. Así, el ser se muestra como un misterio, pues constituye en el ahí el lugar de la manifestación de la verdad del ser, lo que parece ser un instante de lo eterno.

Si la verdad es *alétheia:* lo que se esconde y se muestra, luz y oscuridad, podríamos decir que el silencio es el contexto del desocultamiento y la forma necesaria para el mostrarse. François Fédier, discípulo de Jean Beaufret, hace una reflexión que podríamos unir a la del silencio, sólo que en este caso se refiere a la mirada (*regarde*) y su relación con el ver (*voir*). El ver sería ir más allá de lo que tenemos delante. Fédier afirma que un pintor como Cézanne es un *voyant*, ve lo invisible, un extraño invisible que sólo demanda ver como los videntes. Se trata de un invisible que le permitió ver otra dimensión de las cosas, mirarlas desde una perspectiva múltiple. Por lo tanto, no hay sólo un silencio para participar en la escucha del claro (*Lichtung*), sino también en la relación con la mirada existe lo «invisible» que permite ir más allá y ver las cosas de otra manera. (1995, p. 9)

François Fédier enseña qué mirar y cómo verlo, selecciona cuidadosamente lo que hay que mirar y la manera de estar atentos a lo que vale la pena mirar, pues siempre miramos bajo la influencia de la interpretación. Por ello debemos ir más allá, como Cézanne, que en cierta manera vio que el camino de la pintura es el camino del pensamiento, esto es, el trazo visible de un modo de existencia específico de lo humano. Experimentar la huella visible de un modo o desde una posibilidad de la existencia es un camino que hay que recorrer. (Fédier, 1995, p. 20)

En su carta a Robert Marteau, Fédier indica que lo sagrado es inviolable y viene a nosotros o se ofrece a la mirada, pero es difícil verlo. En lo sagrado viven los dioses y lo mismo pueden desaparecer. Los dioses son inmortales por ser sagrados, dice Hölderlin. A lo que agrega el filósofo francés que no puede haber dioses sino a través de lo sagrado y lo sagrado es invisible. De aquí proviene la pregunta de Cézanne y su manera de ver lo que está oculto a los ojos de los demás. Es mirar de nuevo cómo la naturaleza emerge, se muestra y se oculta simultáneamente, luces y sombras sin perder su unicidad. Como decía Heráclito: «La naturaleza gusta esconderse» (φύσις κρύπτεσθαι φιλεῖ), nunca se muestra del todo. (Fédier, 1995)

Luis Tamayo, en su artículo: Heidegger y la transmisión, cita la obra de Fédier, *Regarder voir*:

[…] experimentar el ser implica la mirada de la totalidad, la de la noche. La oscuridad es visible por sí misma, en la misma medida en que en su visibilidad se encuentra obnubilada por todo lo que en ella se encuentra. En la noche yo no veo los árboles, las rocas, las flores. La luz, al contrario, escapa a la vista: uno sólo ve aquello que está bajo la luz. Para ver la luz se requiere del ojo de la noche, conservar el ojo de la noche, mirar. (Fédier, citado por Tamayo, 2011, p. 47)

Tamayo explica, de acuerdo con Fédier, que para experimentar el ser es necesario «conservar el ojo de la noche» y dicha experiencia implica un mundo donde todo se conjuga y copertenece, donde el mundo es apertura y resistencia pues el mundo y los otros son constitutivos al *Dasein*.

El silencio es el inicio de la escucha, por ello hay que estar atentos, es un hablar sin palabras, o bien otra posibilidad del hablar que de pronto se apodera de nosotros, acaece, deviene; es un acto vivencial el conservar ese ojo de la noche que es más cercano a la experiencia poética. Al respecto, Blaise Pascal, un filósofo francés del siglo xvii, mirando al cielo exclamaba: «los espacios infinitos me aterran», efectivamente el espacio fuera de la atmósfera es completamente silencioso. (Pascal citado por Villoro, 2015, p. 11)

Jacobo Dayán, por otro lado, habla del silencio como el recorrido de la música a la vida: «El silencio exige que sea atendido, es momento de pausa y de máxima alerta sensorial. No es reposo: es suspiro, momento de transformación, de dolor, de reflexión e incluso de liberación». Y al hablar de John Cage dice que para este músico, «el silencio es un acto en el continuo, con una gran intención que interrumpe e irrumpe: es la ausencia, es el vacío, es la nada y lo es todo». (Dayán, 2015, p. 40)

Dayán señala que lo profundo de *Pieza Silenciosa 4'33"* es enmarcar con silencio la realidad para llevar al escucha a percibir todos los sonidos. Como veíamos, el silencio también refleja la voz de los sobrevivientes de la Shoa, momentos en los cuales la humanidad debe aprender a callar después del horror propiciado. Tanto en el caso de Cage como en el de muchos artistas mencionados o grupos de activistas, el silencio es la otra posibilidad existencial del lenguaje, aquello que se dice en lo no dicho, un acto vivencial y epocal del ser. Es otra forma de darse el ser en el lenguaje, pues todo lo dicho ya habla desde la verdad del ser (*Seyn*), dirá Heidegger.

En su crítica a la metafísica racionalista, que por siglos se dedicó a la pregunta por el ente, Heidegger se propone un nuevo camino: el esenciarse del ser, el preguntar por el sentido del ser visto como acontecer (*Ereignis*), como donación del mundo donde se esencia el ser y se abren posibilidades de sentido; es en ese ahí donde se muestra su destino como una historia epocal, donde el lenguaje viene a ser su morada. La morada marca una diferencia entre el exterior y el interior sin el cual no es posible habitar.

El hombre aparece como un deudor del ser o del «ahí» que ocupa como pastor del ser; por ello siempre está en una relación de pertenencia al ser y el acontecimiento es el punto de encuentro con él. La ex-sistencia se nombra como el claro y la verdad; el hombre y el ser habitan ese claro. (Leyte, 2015, pp. 52-55)

En la filosofía de Heidegger el silencio no significa una pérdida de la capacidad de expresarse mediante el discurso sino, por el contrario, presupone la capacidad del decir que logra una comprensión mejor que el propio discurso y permite al fenómeno mostrarse tal y como es.

Uno de sus señalamientos es que los griegos habitaron en el lenguaje y por ende podían relacionarse con las cosas mismas, en lugar de permanecer atrapados en signos arbitrarios, como nos ocurre a nosotros.

4

Siguiendo el camino al habla

En este último capítulo nos proponemos abordar, desde la filosofía de Martin Heidegger, los caminos del habla como un trascender el ámbito del logos en tanto vía de acceso a la verdad; esta exploración nos permitirá establecer puntos de contacto y resonancia de Heidegger con las tradiciones orientales, lo mismo que con algunas manifestaciones artísticas occidentales, principalmente en la poesía y la pintura.

Los caminos del habla

Uno de los textos en que se sostiene nuestra reflexión en torno al pensamiento y la visión de Heidegger respecto al ser, lenguaje y silencio es *De camino al habla*, debido a que muestra las sendas de pensamiento que emprende el filósofo en sus recorridos por la Selva Negra, incluyendo conferencias y seminarios, además de diálogos con diversos interlocutores y cuyas preguntas esenciales son sobre el ser, la palabra y el lenguaje.

Los diálogos sobre el habla, el lenguaje y la palabra le dan forma a este texto filosófico y poético donde Heidegger une la filosofía con la poesía, en especial, en los vinculados con aquellos poetas pensantes, como los llama, porque encuentra en ellos la preocupación por lo profundo, la visión de un pensar contemplativo; esto es, un recogimiento hacia la presencia del mundo y los otros. El principal de ellos es Hölderlin, porque Heidegger pensaba que había percibido el fin de la cultura occidental y hacía señas hacia el otro comienzo; esto es, al mundo de los griegos antiguos. No al Sócrates plasmado por Platón en sus diálogos, porque atribuye al logos el significado principal de acceso a la verdad y representa el enunciado conceptual. Heidegger siempre intenta desvincularse de ello, él se propone desconstruir la tradición de la metafísica conceptual, destruyendo su andamiaje y proponer el giro (*Kehre*) o vuelta a los orígenes, al lenguaje primario de los griegos y comprender las funciones del ser, como aquello que sigue estando en lo sido como presencia.

Para el filósofo alemán el lenguaje se encuentra en el mundo de las relaciones vitales, como sucede en el mundo de los hablantes y como lo concebían los griegos originarios. Si establecemos la coincidencia con Gadamer en este punto, comprendemos mejor lo que es la esencia del ser cuando se le toma como ese estar presente. Como antes indicamos, Heidegger ha planteado el lenguaje dejando a un lado la referencia teórica conceptual que lo analizaría como instrumento de la comunicación y de las estructuras; él siempre estará atento a romper con modelos metafísicos, marcando la diferencia y tomando el representar como el hacer presente la cosa, y no como el signo que está en lugar o representando la cosa. En su posición respecto al lenguaje encontramos la referencia a la vida, al lado fáctico del habla, marcando la distancia con las concepciones metafísicas: «Dilucidar el habla quiere decir no tanto llevarla a ella, sino a nosotros mismos al lugar de su esencia, a saber: al recogimiento en el advenimiento apropiador (*Ereignis*)». (Heidegger, 1990, p. 12)

Desde el lugar de su esencia, esto es, de su acontecer, hay que preguntar ¿qué es el habla? Para Heidegger nuestra morada está en ella, pero hay que situarnos en el claro para que nos confíe su esencia, porque hablar es expresar y es una actividad del hombre. A través de ella nos enfrentamos a su presencia, a lo que es, pues el habla articula los modos o posibilidades del ser, mediante el lenguaje, y así nos interpela.

El filósofo alemán busca eliminar los conceptos fijos y dejar que el habla hable y nos lleve a la cosa misma, a su presencia, para enfrentarnos al presente, a lo que es, al estar ahí de las cosas. Como dice Gadamer: «El pensar siempre está aliado con la lengua realmente hablada. Ella nos ofrece nuestra experiencia de pensar [...] han encontrado sus propias posibilidades de articulaciones conceptuales y nos permiten tal vez entrever futuras experiencias de pensar». (2003, p. 318)

Heidegger se había familiarizado desde su juventud con artículos y textos filosóficos de pensadores chinos y japoneses que respondían a preguntas acerca del ser, la nada y el lenguaje, quienes sin duda influyeron en él, como lo muestran algunos testimonios. Tuvo contacto con maestros y filósofos japoneses como Tanabe Hajime, el conde Kuki Shuzo o el germanólogo chino Paul Shih- Keji. (Martín Morillas, 2012, p. 329)

En el diálogo entre el filósofo japonés y el inquiridor que aparece en *De camino al habla*, se muestran otras maneras de acercarse a las preguntas filosóficas, muy diferentes a las de la cultura de Occidente. Se trata de una mirada metafórica cercana a la poesía y al arte, que parecieran más bien intuiciones de lo hablado. Heidegger establece un vínculo con Oriente a través de alumnos y estudiosos japoneses que fueron a tomar cursos de filosofía con Husserl y después con él en la Universidad de Friburgo, interesados por conocer la fenomenología y el pensamiento de los maestros encargados de tales cátedras, para después llevar estos aprendizajes a su país. No en balde fueron los japoneses los primeros en traducir *Ser y tiempo* y en entender su concepto del vacío y la nada.

En este diálogo con los pensadores japoneses, Heidegger reconoce que ha vislumbrado el peligro al ocultarse la propia habla, no en lo que dialogaban, sino en el propio espíritu japonés. El intento era decir lo esencial del arte y de la poesía del Extremo Oriente, que se concentraba en lo que los japoneses llamaban *Iki*.

El conde Shuzo Kuki fue con Heidegger a Marburgo, donde entablaron intensos diálogos para intentar dilucidar la esencia del habla y sus diferencias de moradas o casas del ser. Así surge la problemática para saber si para los hablantes del Extremo Oriente sería ventajoso adaptar sistemas conceptuales europeos. La respuesta del japonés fue que parecía no haber otra posibilidad dada la tecnificación e industrialización del mundo.

> Hace algún tiempo nombré –con poca fortuna– el habla como la casa del ser. Si el hombre vive, por su habla, en el requerimiento del ser, entonces los europeos vivimos presumiblemente en una casa muy distinta a la del hombre del Extremo Oriente. (Heidegger, 1990, p. 83)

Y señala que el ser del habla se manifestó de acuerdo a las formas de dialogar de la vida de cada cultura y de sus lenguas; por lo tanto, él como su interlocutor japonés intentaban comprender la riqueza conceptual de ambas lenguas uniendo arte y poesía a través de lo que los japoneses llaman *Iki* o intento de explicar el arte. Sin embargo, Heidegger reconoció que el espíritu del habla japonesa se le negaba y permanecía cerrado para él.

La diferencia de lenguas obligaba a desarrollar el diálogo en un contexto europeo pues el conde Kuki hablaba muy bien alemán, francés e inglés y quería expresar lo esencial del arte y la poesía de Japón; sin embargo, el filósofo alemán mostraba que el diálogo de casa a casa era casi imposible, pues los japoneses manejaban sin problemas lo indeterminado mientras el lenguaje europeo era demasiado conceptual. Si el hombre vive por su habla en el llamado del ser, necesariamente los europeos habitan una casa diferente a los habitantes del Extremo Oriente.

El filósofo de Messkirch percibe que debe ir más allá, intentar el camino de lo permanente del pensamiento, pues ha comprendido la diferencia entre el hombre europeo y el oriental: mientras uno hablaba de lo abierto y el vacío, apuntando a otra cosa que lo meramente suprasensible, el otro se preguntaba por la posibilidad de comprenderse de lengua a lengua. Pensamos que esta percepción puede enlazarse con el epígrafe «en busca de una estrella», que interpretamos como esa búsqueda de luz o aclaración de la dimensión donde el lenguaje permanece en silencio con el fin de que se muestre el ser, intuyendo que el arte y la poesía son las instancias que posibilitan esa revelación que parece ya alcanzada por los japoneses. Aunque también el filósofo alemán encuentra en el arte europeo figuras que van más allá de las dimensiones conceptuales, como las esculturas de Chillida, donde el espacio parecía existir mediante el tiempo o la pintura de Cézane o de Klee, quienes, como otros artistas, plasmaban en su arte la pregunta por el ser y mostraban el misterio.

Divergencias y convergencias con el Extremo Oriente

Cuando Heidegger, como inquiridor, sostiene el diálogo con el japonés en *De camino al habla*, buscaba encontrar la posibilidad de averiguar y pensar la esencia del arte japonés. Es entonces cuando el estudioso oriental le recomendó, como ya lo vimos, que recurriera al teatro Nôh, pues tal vez lo ayudaría a comprender lo que buscaba. Un teatro cuyas influencias remitían al budismo zen y al taoísmo, ambos caminos de sabiduría e iluminación.

El teatro Nôh japonés nació impulsado por los aristócratas a partir del siglo xv y sus expresiones referían a un mundo sin palabras, a lo mostrado por el canto y la danza, lo que los hermeneutas europeos del momento llamaban: «percepción visual dadora». (Gadamer, 2003, p. 311)

¿Cuáles eran las propuestas manifiestas a través del teatro Nôh? En él expresaban sus visiones que intentaban alcanzar lo vacío y lo abierto, lo claro y lo oscuro simultáneamente, entrar en el dominio del mundo de lo indeterminado e indecible. El filósofo alemán intuye en estas expresiones artísticas el espíritu del Extremo Oriente: donde la luz y la oscuridad se proyectan sustentadas en la utilización de la máscara, en el ocultar y el desocultar, en el ser y la apariencia simultáneamente, lo cual antes había encontrado en la concepción de la verdad de la Grecia antigua: *alétheia* (ἀλήθεια) y en las máscaras del teatro griego, aunque con distintas modalidades y distintas intenciones. En el diálogo antes referido aprendemos que *Iro* se utiliza en japonés para nombrar el mundo del color, mientras *Kio* nombra lo vacío, lo abierto; pero ambos términos ejemplifican cómo los japoneses van más allá de lo significado, pues señalan hacia otra cosa que lo exclusivamente sensible. Dice el japonés «pero usted no lo comprenderá mientras no habite el modo de ser japonés: sin *Iro* ningún *Ku*»; «Usted sabe que el escenario del teatro Nôh es vacío y vivirlo pide un "recogimiento inhabitual"». Ante estos señalamientos, el Inquiridor en el diálogo con el filósofo japonés dice que la lengua de la conversación destruye la posibilidad de decir aquello de lo que se habla y, sobre todo, la cultura europea impide llegar a lo indeterminado por el habla. A partir de ello, piensa Heidegger que es el lenguaje poético el que abre el camino permanente del pensamiento, pues no permite explicaciones conceptuales.

Una vez más, Heidegger muestra los peligros que representaba el entendimiento de dos culturas, pues sostenía que era muy difícil hablar de una palabra o una frase con la claridad de la lengua del interlocutor, dado que no era confiable transitar el camino de otra lengua. Sin embargo, reconocía su afinidad con el pensamiento del Extremo Oriente. Por estos motivos era muy difícil que aceptara el logro de las traducciones.

Como profesor, Heidegger tuvo varios alumnos de Japón, además de chinos, vietnamitas, indios y siameses, lo cual manda una señal de cómo le era afín la mirada de pensadores del Extremo Oriente, por su postura frente al pensamiento calculador de Occidente, que tanto denunció en su obra por su influencia en el acontecer de la técnica en nuestra época, todo ello derivado del olvido del ser y de la instauración del pensar calculador.

Heinrich W. Petzet, amigo de Heidegger desde 1929 hasta su muerte en 1976, conversó con el filósofo de la Selva Negra acerca de sus apreciaciones artísticas, históricas e intelectuales en su época, dejando un testimonio a través de los diálogos con el pensador y ofreciendo otros aspectos de la vida y el pensamiento de su amigo. Gracias a Petzet tenemos acceso a explicaciones sencillas de conceptos complejos, desarrollados en encuentros que van desde 1929 hasta la muerte del filósofo.

Petzet constituye un testimonio de los días y las conversaciones que, en distintos contextos, tuvieron el filósofo y el crítico de arte. Juntos asistieron a exposiciones en galerías y a reuniones con artistas e intelectuales pues sus contactos en distintas ciudades alemanas y más allá de Europa eran numerosos, ganados principalmente por el prestigio de Heidegger. En el apartado dedicado a los encuentros del filósofo con sus estudiantes orientales cuenta:

> Bikkhu Maha Mani tenía unos 35 años; hijo de un campesino tailandés, monje del más antiguo de los cuatrocientos templos de Bangkok, profesor de filosofía y de la ciencia del alma en la universidad budista de esa ciudad, era la luminaria de su escuela monacal y uno de los espíritus más ilustres del Oriente; [...] Pero a pesar del interés con que el monje inspeccionó las fábricas e instituciones que visitó, en el fondo sólo le interesaba un encuentro, en busca del cual había llegado a Alemania: deseaba conocer al filósofo, que a su entender, entre los vivos, era el que había pensado y dicho las reflexiones más profundas sobre la técnica. Y ese era Martin Heidegger. (Petzet, 2007, p. 224)

Con el monje Maha Mani se realizó un diálogo que, para sorpresa de Petzet, fue a través de un programa televisivo donde el monje preguntó a Heidegger sobre el ser; además le interesaba saber si existía una vinculación entre ciencia, técnica y filosofía. El filósofo responde que sí, pues la técnica moderna proviene de la filosofía; en especial le explica que es a partir de Descartes con quien la verdad aparece como certeza, como aquello medible y calculable que permitía conocer lo claro y distinto. Esto es, los conocimientos que pudieran medirse y calcularse, que representaban el mundo objetivo de la ciencia, eran los verdaderos.

Igual que la física matemática «en palabras de Max Planck, postula que sólo lo calculable es posible». A Petzet le parecía que el monje no entendía cuando Heidegger explicaba que, a diferencia de los europeos, entre los orientales «todo procede de un único centro».

Otra de las preocupaciones del monje era la relación de la técnica con el pensamiento europeo. Heidegger responde que nos encontramos escindidos en sujeto-objeto desde la modernidad y que así quedó establecido en la ciencia. «No somos libres», le dice el filósofo, «estamos encerrados en una cárcel que llevamos con nosotros toda la vida». (Heidegger, citado por Petzet, 2007, p. 229)

> El peso de la historia está presente en todo proceso del pensamiento. Y esta historia es propiamente lo que nos separa del pensamiento oriental. A su vez el monje responde: «Nosotros no conocemos una historia. Sólo hay tránsitos por el mundo». (Petzet, 2007, p. 229)

El pensamiento oriental cautivó a Heidegger de manera especial pues desde sus encuentros en sus cursos con maestros y pensadores de Oriente, intuyó que veían y nombraban más allá de lo que el lenguaje europeo lograba. Existía un acercamiento especial por la forma como intuían la realidad y sustentaban sus conocimientos en lo indeterminado, en un mundo abierto y vivo en una época dominada por la técnica. El filósofo alemán señalaba enfáticamente la dimensión fáctica de la vida y su vinculación con el arte, en especial con la poesía.

Por otro lado, Heidegger manifestó sus inquietudes entre la verdad y la obra de arte en su ensayo *El origen de la obra de arte*; ahí el autor habla de la luz y el pensamiento; que después se manifiesta en su viaje a Grecia donde intuye la luz de esa cultura en su pensamiento.

El arte es histórico y como tal es la contemplación creadora de la verdad en la obra. El arte acontece como Poesía. Ésta es instauración en el triple sentido de ofrenda, fundación y comienzo. El arte como instauración es esencialmente histórico […] el arte es historia en el sentido esencial de que la funda en la significación señalada. (Heidegger, 2010, p. 101)

Para Heidegger la obra de arte pone de manifiesto el mundo de la conciencia que prende como luz y hace consciente al hombre de su destino histórico; es como la atmósfera espiritual que influye en los acontecimientos de cada época. También explica que la significación estética de la pintura, hablando del cuadro de Van Gogh sobre los zapatos del campesino, ha puesto en operación la verdad del ente pues la verdad no responde sólo al conocimiento que se enuncia en un juicio sino que es propiedad del ser.

El gran intento de Heidegger fue que el arte le permitiera ir más allá, hacia donde el conocimiento racional no puede llegar y si lo hace es como metafísica y no como fenomenología hermenéutica. De ahí su interés por penetrar en el pensamiento de Oriente donde intuye esa posibilidad.

Por ello en el diálogo entre el japonés y un inquiridor, en su texto *De camino al habla*, pregunta el inquiridor si existe en japonés una palabra para nombrar el habla. El japonés le responde que en el mundo de ellos no existe una pregunta al respecto. En seguida le pide tiempo y medita para después contestarle que para el hablar y el habla ellos dicen: la esencia del habla.

I (Inquiridor): Esto mismo es lo que exige el asunto en cuestión puesto que la *esencia* del habla no puede pertenecer al orden del habla.

J (Japonés): Muy de lejos siento un parentesco de nuestra palabra —la que ahora vino a mi mente— con su término.

I: Se limita a hacer seña (*Wink*) a la esencia del habla.

J: Me parece que acaba usted de pronunciar una palabra clave, algo así como la palabra del enigma.

I: Entonces «señar» [*Winken*: hacer seña: señar] sería el rasgo fundamental de toda palabra. (Heidegger, 1990, p. 104)

Encontramos a lo largo de este diálogo el intento de Heidegger por penetrar el espíritu japonés y viceversa, aunque admite la dificultad para apropiarse de la experiencia artística y del arte entre ambas culturas. De pronto el japonés contesta a la pregunta acerca del habla, explicando que la palabra japonesa para habla es *Koto ba*.

Koto es el encantamiento, lo que en cada instante es irrepetible y resplandece «con la plenitud de su gracia»; y *ba* denomina las hojas, pero también los pétalos y pide pensar en los pétalos del cerezo y en los del ciruelo. (Heidegger, 1990, pp. 128-129)

Ante estos pronunciamientos el lenguaje conceptual europeo no tiene las herramientas para captar la esencia del habla más allá de la lógica de la representación, de aquí el enriquecimiento que ofrece el pensar oriental que al nombrar propone otra manera de acercarnos al habla pues, en el diálogo, el japonés deja de manifiesto que la palabra invoca al mundo a venir a las cosas e intenta acercar la poesía al pensamiento, siempre atentos a lo no dicho, al señar y abiertos al claro (*Lichtung*).

Heidegger le aclara al japonés que esa palabra que él emplea con mucha cautela para mentar el habla, corresponde al decir: *die Sage*; esto es, lo que el decir dice y lo que está por decir. Entonces el japonés le pregunta «¿Qué significa decir?». Heidegger responde «dejar aparecer y dejar relucir pero en el modo del "señar"». Para el filósofo alemán es en la esencia de la *Sage*, del decir, que comienza para el pensamiento el camino fuera de la representación metafísica, condición para atender las señas del mensaje «cuyos mensajeros quisiéramos propiamente llegar a ser». (Heidegger, 1990, p. 131-132)

Encuentros con la expresión pictórica

Indica Petzet, en sus diálogos con Heidegger sobre arte, que fue importante y decisivo para el filósofo, durante su visita a Holanda, contemplar la obra de Van Gogh; lo mismo que admirar la pintura de Cézanne, la cual conoció en sus visitas a Suiza y a Francia, donde encontró la obra original. Es entonces cuando Heidegger afirma que fue este pintor quien propició una transformación en el arte moderno por ir más allá de lo que percibía, con una mirada que captaba la totalidad del objeto. Heidegger lo reconocía pues le recordaba su propio camino. «[…] la senda que, desde el comienzo hasta el fin, responde a su modo a mi propio camino de pensamiento». (Heidegger, citado por Petzet, 2007, p. 191)

Lo expresado por el pensador sobre su propio camino de pensamiento, que identifica a través de la propuesta de Cézanne –y de algunos otros poetas y pintores–, nos lleva a pensar que tal vez se deba a la observación de los objetos desde diferentes perspectivas y ángulos. El poder traducir la mirada simultáneamente entre lo que se ve y lo que se oculta es parte de lo que señala Heidegger respecto a Cézanne, quien transforma la forma de mirar los volúmenes de los objetos, e invita a ir más allá, a percibir lo que se oculta, brindando otra forma de comprender el mundo a través del arte y el misterio. Así logró crear un estilo artístico único y transformar el arte moderno. El filósofo, por su parte, criticó los caminos repetidos y las viejas certezas de algunos artistas, reconociendo el advenimiento del ser en el ente como lo innombrable e intentando develar el ser en la obra de arte, develando la presencia más allá de lo presente como lo intuía Cézanne, lo cual no es diferente a lo que, respecto a la nada y el vacío, había encontrado en sus diálogos con sus discípulos japoneses:

> Convergen en su anti-cosismo y anti-dualismo: ser, nada y vacío se copertenecen en la duplicidad de ser y ente o de camino y cosas; en su anti-humanismo: el hombre no es el centro

y dueño del mundo sino que está entregado al claro del ser o a la iluminación del camino; en su anti-intelectualismo y anti-objetivismo: el lenguaje de la meditación se funda en el silencio y trasciende el ámbito de la representación conceptual; y en su anti-moralismo. (Martín Morillas, 2012, p. 328)

En el texto *De camino al habla* es donde más se refleja la relación de Heidegger con los filósofos de Oriente, en especial con su amigo el intelectual Kuki Shuzo, pero en general no encontramos muchas referencias; en algunas ocasiones menciona el taoísmo y se sabe que conocía textos clásicos de algunos filósofos orientales: Dao-de-Jing o de Zhuang-Zhi, exponentes del taoísmo clásico. Lo mismo que textos de los poetas chinos y japoneses del budismo zen. (Martín Morillas, 2012, p. 332)

Además de estos encuentros con filósofos y textos de la filosofía de Oriente, recordemos los testimonios de Petzet respecto del encuentro de Heidegger con la obra de algunos artistas. Paul Klee, otro de sus admirados artistas –y en particular su obra: *Rayo colorido*–, le produjo un silencio interior profundo y contemplativo, como lo hicieron *Rosas heróicas* o *La paciente*. Dentro de los testimonios que ofrece Petzet, existe uno especial: el que narra lo que ocurrió a Heidegger ante el *gouache* titulado *Un portón*, realizado en 1939. Refiere Petzet que, después de contemplarlo, el filósofo exclamó: «Ese es el portón que algún día todos tenemos que atravesar: la muerte». (Petzet, 2007, p. 195)

Según el testimonio de Petzet, la obra de Klee sumergía a Heidegger en un estado de contemplación y silencio; recorría la exposición una y otra vez, destacando lo delicado e íntimo de su arte. Uno de sus comentarios más conocidos fue que el mismo Klee desconocía cómo estaba transformando el arte. No podría ser de otra manera, pues para el filósofo en la obra de arte acontece la verdad del ser y su desocultamiento.

Otro de los intereses artísticos de Heidegger, de acuerdo a los testimonios de Petzet, fue la escultura de Eduardo Chillida, un artista vasco con quien el filósofo estableció un contacto personal, gracias a la mediación de Petzet —quién consideraba que había sorprendentes acercamientos entre el pensar de uno y el hacer del otro—:

> El escultor [Chillida] había dicho: «Para mí, no se trata de la forma, sino de la relación entre las formas, del vínculo que se crea entre ellas», lo que lleva al problema fundamental de este escultor: la inclusión del «espacio» en su trabajo. (Petzet, 2007, p 205)

Cuando Chillida hablaba del espacio no se interesaba por el de la ciencia, sino por el del arte; para el escultor como para el filósofo el espacio no era lo medible o cuantificable, sino el lugar donde el afuera se convertía en espacio interior, donde cambiaba la significación del lugar y la relación se invertía; además, Chillida hablaba del espacio nacido del tiempo y sus relaciones a manera de sonido o de ritmo, tal como podemos ver y escuchar en su gran obra escultórica *Peine del viento*, obra que consta de varias piezas colocadas en la cima de una montaña que mira al mar.

Heidegger se encontró con Chillida en la Galería Erker y, después del diálogo que ahí tuvo lugar, el filósofo desarrolló su ensayo *El arte y el espacio*, mismo que le envió al escultor diciéndole que trataba del enigma del arte y de su tarea como filósofo al apreciar tal enigma.

En estos encuentros de Heidegger con el arte, es indispensable mencionar su reflexión sobre la pintura de Van Gogh, en particular con *Zapatos de campesino*, obra a la cual Heidegger dedica parte de su texto *El origen de la obra de arte*, indicando que, en ella, el ente sale del ocultar y devela su acontecer. ¿Qué desoculta? Esos zapatos, viejos que hablan de las fatigas del trabajador del campo y no sólo eso, sino de toda la humanidad pobre y dolida:

> ¿Qué pasa aquí? ¿Qué opera en la obra? El cuadro de Van Gogh es el hacer patente lo que es útil, el par de zapatos de labriego, en

verdad *es*. Este ente sale al estado de no ocultación de su ser. El estado de no ocultación de los entes es lo que los griegos llamaban *alétheia*. Nosotros decimos «verdad» y no pensamos mucho al decir esta palabra. Si lo que pasa en la obra es un hacer patente los entes, los que son y cómo son, entonces hay en ella un acontecer de la verdad. (Heidegger, 2010, p. 56)

A diferencia de la interpretación de Heidegger acerca del cuadro sobre los *Zapatos de campesino*, de Van Gogh, el crítico de arte Meyer Shapiro señala que:

Los zapatos encarnan tanto la poética pictórica del artista como el destino del arte radical a lo largo del siglo xix; [...] Heidegger pone entre comillas al artista de carne y hueso [...] pierde el sentido personal de la expresión y atiende, en esencia, el impersonal encuentro mundo-Tierra. (Shapiro, citado por Juanes, 2013, p. 73)

Sin embargo, Heidegger lo que busca es revelar que en el arte se presenta la verdad. El origen de la obra de arte permite apreciar la verdad del mundo, siendo la presencia-ausencia de lo oculto la que permanece en el ámbito del silencio.

Asombro Poético

La afinidad de Heidegger con los poetas fue determinante, pues consideraba que varios de ellos hacían poesía pensante y mantenían la relación entre el pensamiento y la expresión artística mediante la palabra. Tal es el caso de Hölderlin, considerado por el filósofo alemán como el poeta de poetas, el que poetizaba la esencia de la poesía:

[...] estamos entendiendo poesía en el sentido del nombrar fundador que nombra a los dioses y la esencia de las cosas.

Morar poéticamente significa estar en la presencia de los dioses y ser alcanzado por la cercanía esencial de las cosas. (Heidegger, 2005c, p. 47)

Según Heidegger, la poesía aparece en el origen de la formación de los pueblos y del *Dasein* histórico. El lenguaje es quien habla desde la morada del ser, desde sí mismo y a través del sujeto. El ser necesita del *Dasein* para acontecer y por el acontecer del ser emerge la verdad. Tenemos que pensar de otra manera y el arte proporciona la posibilidad de buscar el acontecimiento del habla a través de la poesía.

El lenguaje es la casa del ser, es ahí donde el ser habita, acontece y sucede y lo hace, en especial, en la palabra poética; ello requiere un mirar y escuchar profundos que nos abra al ser mismo; su pensamiento viene a nosotros con la luz del ser y en silencio. El poeta viene a ser el mensajero de los dioses, es quien recibe las señales y da palabras a los hombres para transmitir el mensaje. La palabra poética nos canta y pone delante al ser en silencio para que acontezca su verdad, no podemos sino seguir caminando en la oscuridad de la noche en busca de la luz de una estrella e interpretar el decir de los dioses.

Los poetas son los mensajeros que traen las noticias de los dioses a los hombres y, al mismo tiempo, la palabra poética es la interpretación de la voz del pueblo, por ello el poeta se encuentra en medio de ambos: en el entre de dioses y hombres. Es en la poesía donde se aprecia la belleza y el silencio:

Heidegger ensaya un camino *crítico*: mostrar la belleza, el silencio y lo sagrado como aquello que hace acto de presencia, aunque, justamente como no-presencia, como si ahora se quisiera hacer relevante el sentido, pero como tal sentido en particular y no como algo de lo que de inmediato se pudiera decir que es el ser y formularse en proposiciones. (Leyte 2015, p. 116)

Lo permanente necesita de la voz de los poetas para revelarse y poner de manifiesto al ser a través del ente, revelar a los dioses. La misión de los poetas es cuidar lo divino, fundar, pues la fundación es un don que conceden los dioses al pueblo, a su destino en el acontecer histórico. Se trata de mensajes oraculares que recuerdan los que ocurrían en Delfos cuando un intermediario entre dioses y hombres –como Diotima con Sócrates– recibía el mensaje y el escucha debía interpretarlo; la verdadera misión del poeta es descifrar y transmitir al pueblo tales mensajes.

Para Heidegger, Hölderlin funda otro tiempo: el de la huida de los dioses y del dios por venir. Transmite un tiempo oscuro e indigente en el cual los dioses desaparecen y los poetas hablan de la oscuridad y la soledad de las noches. Sin embargo, en nuestros días el mundo de las habladurías ha llevado a los hombres al olvido de lo sagrado y al olvido de habitar poéticamente la Tierra; en su lugar impera la técnica como respuesta del olvido del ser.

Heidegger vislumbró la destrucción que ejercería la técnica en la Tierra, denunciando las consecuencias del predominio del pensar calculador, del abandono de lo humano en aras de la ciencia y de un discurso racionalista que olvidó la pregunta por el ser. De aquí su llamado a habitar poéticamente la Tierra, como había enunciado Hölderlin. Para el filósofo alemán es en el lenguaje poético donde se superan los problemas de la tradición racionalista y donde se posibilita el encuentro con el ser y su develamiento.

De aquí su insistencia en el regreso a los orígenes, a un pensar no instrumentalizado, misterioso y sagrado. Es el poeta quien puede recuperar el lenguaje originario que permitirá habitar de otra manera sin estar sujeto a la tecnificación de lo cuantificable; esto es, el lenguaje en su estado de abierto.

Para Hölderlin poetizar es fundar, y el poeta funda, pero ¿qué es lo que funda el poeta en su poetizar? El fundante nombra a los dioses y la esencia de las cosas. Porque vivir poéticamente significa estar en presencia de los dioses y en cercanía esencial con las cosas. La existencia humana es poética, es decir, es fundada, y esto no es ningún mérito, sino una donación. (Constante, 2005, p. 20)

El asombro ante el mundo es propio de quien es capaz de mirar a los otros y a las cosas como si lo hiciera por primera vez; hay que provocar la capacidad de asombrarnos frente a lo que se nos muestra, frente a la poesía que nombra lo sagrado y estar atentos al pensamiento que dice el ser. Por ello Heidegger dice que el poeta nombra lo sagrado y, al llamar a ese mundo originario, hace posible, al igual que los pensadores, romper con la modernidad tecnificada y recuperar la pregunta por el ser.

Sin embargo, aunque en los casos de Hölderlin y Heidegger hay un intento por recuperar el pasado de la antigua Grecia, la tarea se vuelve casi imposible en las condiciones actuales de un mundo dominado por el pensar calculador.

La salida a tal encrucijada la encuentra Heidegger a través del mundo contemplativo que pertenece a la serenidad (*Gelassenheit*). Y en ese mundo contemplativo el arte, no sólo la poesía sino, como hemos visto, también la pintura, la música, la escultura, más allá de los conceptos y las representaciones, es lo que nos permite acercarnos al mundo del misterio, de los enigmas. Hay que estar atentos a lo que, a través del arte, llega en silencio, lo que no puede ser visto, lo que protege el mundo de los dioses huidos, pues, como dijo el mismo Heidegger: «sólo un dios podrá salvarnos».

¿Qué significa que sólo un dios podrá salvarnos? Esta sentencia implica, desde la visión del filósofo alemán, que el mundo actual ha dejado de hablar con los dioses. Recordemos cómo Hölderlin percibió que los dioses habían huido, que ya no teníamos su presencia en el mundo y estábamos solos e indigentes ante un mundo dominado por la razón y el discurso científico:

El último dios es el comienzo de la más larga historia en su más corta vía. Se requiere larga preparación para el gran instante de su paso. Y para su disposición son pueblos y estados demasiado pequeños, es decir, demasiado arrancados ya a todo crecimiento y librados sólo a la maquinación. (Heidegger, 2005b, p. 332)

Lo que Heidegger llama la maquinación (*Machenschaft*) responde a la concepción instrumental de la técnica y presenta la amenaza de que se escape del control humano. En nuestros días, la maquinación sustituye a lo divino que ha dejado de acontecer y ya tiene muy pocos mensajeros; pareciera que el lugar de lo sagrado ha desaparecido o bien ya no se escucha.

La maquinación nombra el mundo industrial, las empresas, el trabajador industrial a quien se ha desarraigado y alejado de su historia; un mundo dirigido hacia la ganancia, que se traduce en una educación mecánica y una vida inauténtica. ¿Cómo encontrar en esta época el mundo de los dioses?

Los llamados divinos son la manifestación de los dioses por sus señas o guiños, son los representantes históricos de los pueblos, ellos muestran que su presencia tiene un sentido histórico no religioso, no dan ningún mensaje religioso y se ofrecen a manera de donación. Se trata de esos antiguos dioses griegos que no prometen ninguna salvación como el Dios cristiano y no brindan esperanza, por el contrario, hay castigo por parte de Zeus y la apertura de la Caja de Pandora muestra el trágico destino preparado para los hombres, que consiste en hacer esperar al dios que nunca llegará:

> Los mortales habitan en la medida en que esperan a los divinos como divinos. Esperando lo inesperado van al encuentro de los divinos. Los mortales esperan las señales de su llegada sin desconocer signos de su ausencia. No construyen para sí sus propios dioses, ni practican el culto a los ídolos. En la desgracia, ellos esperan todavía la salvación que se les ha quitado. (Heidegger, 2001a, p. 25)

¿Qué significa para Heidegger habitar y cómo se relaciona el hombre con su mundo? ¿Se podrá salvar el hombre mediante el habitar poéticamente la tierra? El habitar es la permanencia en un lugar, la forma de vivirlo, de tener sus raíces; al mismo tiempo el filósofo reconoce cómo ha cambiado la relación del hombre con su forma de vida, pues cada vez se enfrenta más a un mundo inhóspito, vacío, que es uno de los síntomas cuando no se da el verdadero habitar con las cosas. De aquí lo complejo del habitar poéticamente la Tierra.

Sólo un dios podrá salvarnos

Al decir que «sólo un dios podrá salvarnos», Heidegger no se refiere al Dios judeocristiano; tampoco a replantear la experiencia del dios propio de las religiones, explícito y definible. Por el contrario, señala la necesidad de escuchar las señales del misterio, enigmáticas y lejanas, impenetrables debido a la época dominada por el ruido y la técnica que ya no permite los tiempos de espera y escucha. El mundo, en cambio, es un lugar que le ha dado especial trato a los intercambios tecnológicos, a la comunicación incesante; el hombre es un trabajador dentro de la maquinación industrial, programado hacia la ganancia en un mundo hiperconectado donde el misterio y lo sagrado se han escondido y ya no pueden escucharse ni entenderse. Se ha intensificado el sentimiento de abandono y de indigencia; estamos solos y los dioses han huido, ya no habitan entre nosotros, como decía Hölderlin.

Para el filósofo alemán es urgente pensar de nuevo lo sagrado y uno de los caminos es el arte, lo cual correspondería a la posibilidad de habitar poéticamente la Tierra, habitar el lugar de lo sagrado, lo innombrable; y prepararse así para la venida del dios y para la celebración de su llegada:

La cercanía al último dios es el silencio. Este tiene que ser puesto en obra y palabra en el estilo de la retención. [...] La verdad del ser (*Seyn*) deviene indigente sólo a través de los que preguntan. Ellos son los verdaderos *creyentes*, porque –inaugurando la esencia de la verdad– se detienen en el fundamento. (Heidegger, 2005b, p. 28)

Para Heidegger, quienes preguntan son los solitarios siempre en búsqueda y que no temen al abismo; los que no se arredran ante el límite donde no se conoce cómo continuar el camino, siempre abandonados ante lo indecible y el silencio. El último dios no es el fin, sino el otro comienzo, pertenece a una larga historia y se necesita estar muy preparado para atender su paso. El problema es que, en nuestro mundo y época, nuestros pueblos se encuentran perdidos en la maquinación.

¡Qué pocos saben que el dios aguarda la fundación de la verdad del ser (*Seyn*) y con esto el salto del hombre al ser ahí! En lugar de ello parece que el hombre tuviera que y habría de esperar al dios. (Heidegger, 2005b, p. 333)

El tiempo del dios no ha llegado y, en la época tecno-científica que vivimos, lo que pudiera salvar y recuperar lo sagrado es la palabra poética de los poetas pensantes. Se trata de palabras, señales de lo que no puede calcularse; que no hablan, sólo ofrecen espacio a la serenidad y al silencio. Los futuros o advenideros son los que fueron capaces del retorno a lo originario y de poder visualizar el porvenir como un reiniciar y desechar la imposición de lo lógico y calculador.

El último dios no es el fin de la historia, es el acontecer de la misma, la historia que se muestra en un tiempo histórico sincrónico y no lineal, es el *Ereignis*; el momento de algo aún más insondable y enigmático: recibir lo que puede alcanzarnos viniendo como algo que sigue estando en lo sido, siempre abierto. Estos son los futuros que no han desaparecido, pues el tiempo no es divisible, es intensivo y los hombres venideros deben volver a hacerse presentes.

Heidegger abre el camino hacia la posibilidad de intuir otra dimensión del ser donde se mira y se percibe la lejanía, donde reina el silencio, dando una fuerza mayor a lo que se calla. Crear entre todos el cambio de paradigma, pensar de una manera distinta y no como se nos ha enseñado e impuesto, dar la bienvenida a lo nuevo, a lo sagrado, a lo que antecede, a la creación de los dioses, a un nuevo modo de estar en el mundo. Respetando toda acción creativa, pues lo sagrado no se petrifica.

Cuando Heidegger dice que el lenguaje es la casa del ser, expresa que desde el momento que se la habita acontece su verdad:

> [...] sólo a partir de la verdad del ser, se podrá entender cómo es el ser. El ser le abre su claro al hombre en el proyecto extático. Pero este proyecto no crea el ser. Por lo demás, el proyecto es esencialmente un proyecto arrojado. El que arroja en ese proyectar no es el hombre, sino el ser mismo, que destina al hombre a su existencia del ser aquí en cuanto su esencia. (Heidegger, 2004, p. 49)

Más allá de que pueda ser aprehendida, comprendida la presencia como el estar en lo abierto, el advenimiento del ser necesita del silencio en el claro (*Lichtung*) de lo abierto:

> Hemos de pensar la alétheia, el no ocultamiento, como la *Lichtung* que permite al ser y al pensar el estar presente el uno en y para el otro. El tranquilo corazón de la *Lichtung* es el lugar del silencio, en el que se da la posibilidad del acuerdo entre ser y pensar, es decir la presencia y su recepción. (Heidegger, 2009, pp. 108-109)

Esta es una de las grandes enseñanzas del camino de Martin Heidegger: el filósofo nos conmina a no dejarnos manipular por los argumentos de la metafísica y así aprender a pensar y a habitar de otra manera la tierra. Ser capaces de remontarnos a los orígenes para replantearnos desde otra mirada la presencia del ser y no del ente; defendernos de lo universalizante y del *Das Man*: lo «uno», que implica el sometimiento a la ciencia y a la técnica como únicos senderos posibles que sólo llevan a la destrucción de nosotros mismos, de los pueblos y del planeta, en aras de un modelo eminentemente devastador y contrario a la vida.

Quizás ello nos permita ser capaces de escuchar nuevas voces y mirar otras presencias dejando que sean y se revelen ante nosotros. Que el silencio nos hable desde la *alétheia* y el lenguaje poético nos enseñe a cuidar y conservar nuestro hábitat.

A manera de conclusión

Ahora sólo nos queda permitir que sea el silencio el que brinde la última palabra y nos encamine a lo verdaderamente valioso, al silencio que habla sin proferir palabras, mientras se revela el último dios. El silencio siempre estará presente en el escenario donde la quietud es el instante del claro (*Litchung*) que convoca al vacío o plenitud del ser pues lo oculto se encuentra en silencio hasta no ser revelado; hay un callar originario que no es sino la voz del ser.

Con el estudio de la sigética, Heidegger pudo poner al descubierto el acaecer del ser en el silencio, elemento fundamental de la música y el ritmo; así como en ciertas formas de teatro.

El silencio es innombrable, único, es fuente y es límite. Heidegger, como los artistas, veía más allá de lo decible; parece intuir otra dimensión del ser donde se percibe la lejanía. Es desde esta lejanía y con gran nostalgia que habla Heidegger al encontrarse con la imposibilidad del decir, de lo no dicho en lo dicho, de la búsqueda de una estrella o la búsqueda de la luz.

El «yo pienso» cartesiano y la cuantificación de la realidad, que ha devenido en la técnica y depredación del mundo, así como en el aumento de los estímulos digitales y mediáticos, hacen imposible el habitar poético sugerido por Heidegger. Se trata de dos paradigmas opuestos que apuntan hacia distintas experiencias en el vivir ante la pregunta por la verdad del ser: ser lo que se es y volver a un mundo donde nos encontremos en nuestro hogar; o esperar a la destrucción y el caos. Por eso indica Heidegger sólo un dios podrá salvarnos.

En nuestra época, acosada por el dominio de la técnica, el hombre se encuentra abandonado e indigente, ya no tiene la necesidad del pensar y poetizar ni la urgencia de comprender el origen de su habitar ni de compenetrarse con sus relatos. De aquí la necesidad de mostrar un camino nuevo a través del poetizar para que se abran las posibilidades del pensar cuyo resultado sería el habitar poéticamente la Tierra.

> Y los futuros del último dios son sólo y apenas preparados a través de aquellos que encuentran, miden y construyen el camino de *retorno* desde el abandono experimentado del ser. Sin el sacrificio de estos retornantes no se llega siquiera una vez a un amanecer de la posibilidad de hacer señas del último dios. Estos retornantes son los verdaderos pre-cursores de los futuros. (Heidegger, 2005b, p. 329)

Ante la fragmentación del mundo y el desorden de la globalización, que han generado conciencias moldeadas por la economía, la política, el pragmatismo, la moda, la hiperconectividad, se esconde lo más profundo de la esencia humana. Estamos comprometidos en mostrar otras sendas y caminos a las nuevas generaciones y vincularlas con las expresiones vitales del arte, sea éste la poesía, la música, la pintura, la danza, o bien la filosofía, en tanto quehaceres que van más allá de las tendencias industriales y tecnológicas, obligándonos a replantearnos la pregunta que hizo Heidegger: ¿Qué vale la pena pensar?

Bibliografía

Textos de Heidegger

Heidegger, Martin (1976). *Acheminement vers la parole* (trad.) Jean Beaufret, Wolfgang Brokmeier y François Fédier.París: Gallimard. (Título original: *Unterwegs zur Sprache*, 1959).

------- (1977). *El ser y el tiempo* (trad.) José Gaos. México: FCE. (Título original: *Sein und Zeit*, 1927).

------- (1989). *Serenidad* (trad.) Yves Zimmermann. Barcelona: Serbal. (Título original: *Gelassenheit*, 1959).

------- (1990). *De camino al habla* (trad.) Yves Zimmermann. Barcelona: Serbal. Segunda edición revisada. (Título original: *Unterwegs zur Sprache*, 1959).

------- (1994). Logos (Heráclito, fragmento 50). En *Conferencias y Artículos* (trad.) Eustaquio Barjau. Barcelona: Serbal. (Título original: *Vorträge und Aufsätze*, 1954).

------- (1995). *Ser y tiempo* (trad.) Jorge Eduardo Rivera. Madrid: Trotta. (Título original: *Sein und Zeit*, 1927).

------- (1999). *Ontología. Hermenéutica de la facticidad* (trad.) Jaime Aspiunza. Madrid: Alianza Editorial. (Título original: *Ontologie. Hermeneutik der Faktizität*. Curso Friburgo, 1923).

------- (2000). La doctrina platónica de la verdad. En *Hitos* (trad.) Helena Cortés y Arturo Leyte. Madrid: Alianza Editorial. (Título original: *Wegmarken*, 1976).

------- (2001a). *Conferencias y artículos* (trad.) Eustaquio Barjau. Barcelona: Serbal. (Título original: *Vorträge und Aufsätze*, 1954).

------- (2001b). *Poetry, Language, Thought* (trad.) Albert Hofstadter. New York: Perennial Classic.

------- (2003). *¿Qué es metafísica?* (trad.) Helena Cortés y Arturo Leyte. Madrid: Alianza Editorial. (Curso Universidad de Friburgo 1929-1949. Título original: *Was ist Metaphysik?*).

------- (2004). *Carta sobre el humanismo* (trad.) Helena Cortés y Arturo Leyte. Madrid: Alianza Editorial. (Título original: *Brief über den Humanismus*, 1947).

------- (2005a). *Parménides* (trad.) Carlos Másmela, Madrid: Akal. (Curso Friburgo, 1942-1943. Título original: *Parmenides*, 1947).

------- (2005b). *Aportes a la filosofía. Acerca del evento* (trad.) Dina V. Picotti. Buenos Aires: Biblos, Biblioteca Internacional Martin Heidegger. (Título original: *Beiträge zur Philosophie - Vom Ereignis*, 1936-1938, publicado 1989).

------- (2005c). *Aclaraciones a la poesía de Hölderlin* (trad.) Helena Cortés y Arturo Leyte. Madrid: Alianza Editorial. (Título original: *Erläuterungen zu Hölderlins Dichtung*, 1936-1968).

------- (2005d). *Desde la experiencia del pensar* (trad.) Félix Duque. Madrid: Abada Editores. (Título original: *Aus der Erfahrung des Denkens*, 1947).

------- (2006). *Meditación* (trad.) Dina V. Picotti. Buenos Aires: Biblos, Biblioteca Internacional Martin Heidegger. (Título original: GA 66, *Besinnung*, 1938/39, publicado 1997).

------- (2008a). *¿Qué significa pensar?* (trad.) Raúl Gabás. Madrid: Trotta. (Título original: *Was heisst Denken*, 1957).

------- (2008b). *Estancias* (trad.) Isidoro Reguera. Valencia: Pre-Textos. (Título original: *Aufenhalten*, 1989).

------- (2008c). *Introducción a la investigación fenomenológica* (trad.) Juan José García Norro. Madrid: Síntesis. (Curso Marburgo, 1923-1924. Título original: GA 17, *Einführung in die phänomenologische Forschung*, 1949).

------- (2009). *Tiempo y ser*, (trad.) Manuel Garrido, José Luis Molinuevo y Félix Duque. Madrid: Tecnos. (Título original: *Zur Sache des Denkens*, 1969).

------- (2010). El origen de la obra de arte. En *Caminos del bosque* (trad.) Helena Cortés y Arturo Leyte. Madrid: Alianza Editorial. (Título original: *Holzwege*, 1950).

------- (2012). *Heráclito* (trad.) Carlos Másmela. Buenos Aires: El hilo de Ariadna. (Título original: *Heraklit*, 1943-1944).

Textos sobre Heidegger

ASIAIN, AURELIO (ed.) (2014). *Japón en Octavio Paz*. México: FCE.

AUBENQUE, PIERRE (2004). Les dérives et la garde de l'Être, en Jean François Mattéi, *Martin Heidegger. L'énigme de l'Être*. París: Presses Universitaires de France.

BARTHES, ROLAND (2009). *El imperio de los signos* (trad.) Adolfo García Ortega. Barcelona: Seix Barral. (Título original: *L'empire des signes*, 1970).

BEAUFRET, JEAN (1979). *Dialogue avec Heidegger*. París: Éditions de Minuit.

BECK, HUMBERTO (2015). La canción de lo humano. Apuntes sobre la palabra después del silencio. *Voz de la tribu*, revista de la UAEM, núm 4, mayo-julio, pp. 17-23.

CONSTANTE, ALBERTO (2005). *El asombro ante el mundo (o el infinito silencio)*. México: UNAM, Ediciones Arlequín.

DANIELS, DIETER e INKE ARNS (2012). (ed.) *Sounds Like Silence*, John Cage: 4'33", Silence Today. Leipzig: Spector Books.

DAYÁN, JACOBO (2015). Silencio, de la música a la vida, *Voz de la tribu*, revista de la UAEM, núm. 4, mayo-julio, pp. 40-42.

ESCALANTE, EVODIO (2007). *Heidegger*. México: Biblioteca Básica UAM.

ESCUDERO, JESÚS ADRIÁN (2009). *El lenguaje de Heidegger. Diccionario filosófico 1912-1927*. Barcelona: Herder.

------- (2016). *Guía de lectura de Ser y tiempo de Martin Heidegger*. Vols. I y II. Barcelona: Herder.

FÉDIER, FRANCOIS (1995). *Regarder voir*. París: Belle Lettres.

FÉDIER FRANCOIS, PASCAL DAVID, HENRI CRÉTELLA, MASSIMO AMATO *et al.* (2007). *Heidegger à plus forte raison*. París: Fayard.

GADAMER, HANS-GEORG (2003). *Los caminos de Heidegger* (trad.) Ángela Ackermann. Barcelona, Herder.

HAN, BYUNG-CHUL (2014). *En el enjambre* (trad.) Raúl Gabás. Barcelona, Herder.

HERRIGEL, EUGEN (1980). *El camino del zen.* Buenos Aires: Paidós.

ILLICH, IVAN (2015). El derecho a la dignidad del silencio, *Voz de la tribu,* revista de la UAEM, núm. 4, mayo-julio, pp. 5-8.

JUANES, JORGE (2013). *Historia errática y hundimiento del mundo. Con Heidegger. Contra Heidegger.* México: Libros Magenta, Conaculta.

JULLIEN, FRANÇOIS (1995). *Le détour et l'accés.* París: Grasset.

LEYTE, ARTURO (2005). *Heidegger.* Madrid: Alianza Editorial.

------- (2015). *Heidegger. El fracaso del ser.* Barcelona: Batiscafo.

MÁSMELA, CARLOS (2000). *Heidegger. El tiempo del ser.* Madrid: Trotta.

------- (2009). *La totalidad en Platón, Kant, Hegel, Hölderlin, Heidegger.* Ciudad de México: Los Libros de Homero.

MARTÍNEZ MATÍAS, PALOMA (2008). Hablar en silencio, decir lo indecible. Una aproximación a la cuestión de los límites del lenguaje en la obra temprana de Martin Heidegger. *Diánoia,* vol. LIII, núm. 61, UNAM-FCE, pp. 111-147.

------- (2012). Hölderlin y lo no-dicho: sobre la cuestión del silencio en la interpretación de Martin Heidegger de su poesía. *Diánoia,* vol. LVII, núm. 69, UNAM-FCE, pp 31-69.

MARTÍN MORILLAS, ANTONIO MIGUEL (2012). El encuentro de Martin Heidegger con el pensamiento asiático. *Proyección: Teología y mundo actual,* núm. 246. Facultad de Teología de la Universidad de Granada, pp. 325-342.

NOWELL SMITH, DAVID (2013). *Sounding/Silence. Martín Heidegger at the Limits of Poetics.* New York: Fordham University Press.

PATTISON, GEORGE (2000). *The Later Heidegger.* London: Routledge Philosophy Guide Books.

PAZ, OCTAVIO (1972). *Blanco.* México: Joaquín Mortiz.

PETZET, HEINRICH WIEGAND (2007). *Encuentros y diálogos con Martin Heidegger. 1929-1976* (trad.) Lorenzo Langbehn. Madrid: Katz Editores. (Título original: *Aufeinen Stern zugehen. Begegnungen mit Martin Heidegger. 1929-1976*).

PLATÓN (2015). *Diálogos* (trad.) Juan Bergua. México: Porrúa y Ediciones Ibéricas.

PÖGGELER, OTTO (1986). *El camino del pensar de Martin Heidegger* (trad.) E. Duque Pajuelo. Madrid: Alianza Editorial.

POWELL, JEFFREY (2013). The Way to Heidegger's, Way to Language, *Heidegger and Language*, Jeffrey Powell (ed.). Indiana University Press.

RIEDEL, MANFRED (2002). *Nihilismo europeo y pensamiento budista*. México: UAM, Goethe Institut/DAAD.

ROCHA DE LA TORRE, ALFREDO (2012). *¿Origen o esencia? Studia Heideggeriana, vol. II.*

RODRÍGUEZ GARCÍA, RAMÓN (1987). *Heidegger y la crisis de la época moderna*. Madrid: Editorial Cincel.

ROJAS JIMÉNEZ, ALEJANDRO (2009). *La cuadratura. La última palabra del pensamiento ontológico de Heidegger*. Málaga: Universidad de Málaga.

SANTIESTEBAN, LUIS CÉSAR (2009). *Heidegger y la ética*. Aldus: Universidad Autónoma de Chihuahua.

SAVIANI, CARLO (2004). *El Oriente de Heidegger* (trad.) Raquel Bouso García. Barcelona: Herder.

STEINER, GEORGE (1982). *Lenguaje y silencio. Ensayos sobre la literatura, el lenguaje y lo inhumano* (trad.) Miguel Ultorio, Tomás Fernández Aúz y Beatriz Eguíbar. Barcelona: Gedisa. (Título original: *Language and Silence*, 1973).

------- (2012). *La poesía del pensamiento. Del helenismo a Celan.* (trad.) María Condor. Argentina: Siruela-FCE. (Título original: *The Poetry of Thought. From Hellenism to Celan*, 2011).

TAMAYO, LUIS (2001). *Del síntoma al acto. Reflexiones sobre los fundamentos del psicoanálisis*. México: Universidad Autónoma de Querétaro.

------- (2011). Hacia un nuevo habitar humano en la tierra. Reflexiones sobre el libro "Técnica planetaria y nihilismo" de Jesús Rodolfo Santander. *La Lámpara de Diógenes*, vol. 12, núm. 22-23, 2011, pp. 263-270. BUAP.

ULRICH, BARBARA (2013) *Studia Heideggeriana II, Lógos - Lógica - Lenguaje*, Francisco de Lara editor, Sociedad Iberoamericana de Estudios Heideggerianos - Ed. Teseo.

VILLORO, LUIS (2015). La significación del silencio, en *Voz de la Tribu*, revista de la Secretaría de Extensión de la UAEM, núm. 4, mayo-junio, pp. 8-16.

------- (2016). *La significación del silencio y otros ensayos*. México: FCE.

VOLPI, FRANCO (2010). *Martin Heidegger. Aportes a la filosofía*. Madrid: Maia Ediciones.

XOLOCOTZI ÁNGEL (2004). *Fenomenología de la vida fáctica. Heidegger y su camino a Ser y tiempo*. México: Universidad Iberoamericana: Plaza y Valdés.

------- (2007). *Subjetividad radical y comprensión afectiva*. México: Universidad Iberoamericana, Plaza y Valdés.

------- (2011). *Fundamento y abismo. Aproximaciones al Heidegger tardío*. México: Porrúa.

CURSOS Y SEMINARIOS

DAVID, PASCAL (Noviembre de 2008). Heidegger. *Ser y tiempo*, seminario impartido en la Facultad de Filosofía de la UANL.

------- (Noviembre de 2011). Conferencia, CIDHEM, Cuernavaca, Morelos.

------- (3-5 de noviembre de 2016). De la logique à la sigétique, seminario impartido en la Facultad de Filosofía de la UANL.

DUQUE, FÉLIX (Noviembre de 2016). El Heidegger de los *Aportes a la filosofía*, seminario dictado en Monterrey.

TAMAYO, LUIS (2017). Seminario en El Colegio de Morelos.

XOLOCOTZI, ÁNGEL (3 de agosto de 2011). Seminario dictado en Monterrey.

Índice

CPSIA information can be obtained
at www.ICGtesting.com
Printed in the USA
BVHW081050291020
592123BV00002B/335